股权内部控制建设与风险防控体系研究

殷善鹏 钱 平◎著

重庆出版集团 重庆出版社

图书在版编目(CIP)数据

股权内部控制建设与风险防控体系研究 / 殷善鹏,钱平著. -- 重庆：重庆出版社, 2021.12
ISBN 978-7-229-16408-9

Ⅰ.①股… Ⅱ.①殷… ②钱… Ⅲ.①股权管理—企业内部管理—风险管理—研究—中国 Ⅳ.①F279.246

中国版本图书馆CIP数据核字(2021)第256124号

股权内部控制建设与风险防控体系研究
GUQUAN NEIBU KONGZHI JIANSHE YU FENGXIAN FANGKONG TIXI YANJIU

殷善鹏 钱 平 著

责任编辑：钟丽娟
责任校对：何建云

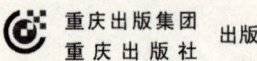 重庆出版集团
重庆出版社 出版

重庆市南岸区南滨路162号1幢 邮编：400061 http://www.cqph.com
北京四海锦诚印刷技术有限公司印刷
重庆出版集团图书发行有限公司发行
E-MAIL:fxchu@cqph.com 邮购电话：023-61520646
全国新华书店经销

开本：787mm×1092mm 1/16 印张：10.375 字数：255千字
2022年8月第1版 2022年8月第1次印刷
ISBN 978-7-229-16408-9
定价：58.00元

如有印装质量问题，请向本集团图书发行有限公司调换：023-61520678

版权所有 侵权必究

前　言

　　股权是股东的核心权益所在，股东持有股权的多少决定了股东收益权、决策权和选择管理者等权利。

　　当下，股权激励越来越为企业界所重视。通过股权激励，把员工的个人利益与企业利益进行捆绑，使员工与企业结成命运共同体，容易提升员工对企业的忠诚度和责任感，与纯粹支付工资的雇佣制相比有着不可比拟的优势。通过股权激励，员工也成了股东。员工在成为股东后，会自觉规范自己的行为使其符合企业利益，这体现了股权激励的内在激励机制。一个好的股权激励方案应该在内在激励机制的基础上进一步体现出外在激励机制。外在激励机制通过为员工获得股权设置附加条件来实现，所设置的附加条件可以是绩效要求、服务年限或者是需要遵守的约定。

　　在现代社会，对任何性质的企业来说，不论从事何种方式的经营活动，总是通过一定方式筹集资金，然后将所筹集到的资金通过种种方式来加以运用，并希望获得预期收益。可以说投融资活动构成了企业经营活动的核心。然而在投融资活动期间，各种因素的影响可能会使企业达不到预期收益水平甚至面临严重亏损，这种不确定性就是风险。市场经济就是一种风险经济，对企业来说只要从事投融资活动，就会有一定的风险，风险总是客观存在的。伴随金融市场与商品市场的不断发展，国内外政治、经济、金融形势的日益复杂，企业间竞争的日趋激烈，企业面临的投融资风险还在不断加剧。如何合理规避投融资活动中可能遇到的各类风险，降低风险损失，就成为摆在各类企业面前的一个现实课题。探索和研究这一课题是具有一定的理论意义和现实意义。

目 录

前　言 1

第一章　我国主要股权投资市场 1

 第一节　创业投资市场 1
 第二节　私募股权市场 8
 第三节　企业并购市场 13

第二章　股权投资的方式与流程 16

 第一节　股权投资的方式 16
 第二节　项目投资 20
 第三节　投后管理 36
 第四节　基金退出 41
 第五节　风险管理 49

第三章　股权设计三步法 60

 第一节　股权设计的三个基本点 60
 第二节　股权设计的两条思路 68
 第三节　股权设计的一个核心 70

第四章　持股平台与股权载体 75

 第一节　持股平台在股权设计中的问题 75
 第二节　持股平台的选择 78
 第三节　股权设计的载体 79

第五章 股权激励基础 ……………………………………………………… 87
第一节 股权激励的相关概念 ……………………………………… 87
第二节 股权激励的本质 …………………………………………… 93
第三节 股权激励的理论基础 ……………………………………… 95

第六章 股权投资基金的内部管理与行业自律 ………………………… 102
第一节 股权投资基金的内部管理 ………………………………… 102
第二节 股权投资基金的行业自律 ………………………………… 122

第七章 股权投资的路径 ………………………………………………… 133
第一节 发挥资本市场的融资功能 ………………………………… 133
第二节 调节市场资金的流动性 …………………………………… 138
第三节 提升我国在全球金融市场的地位 ………………………… 144

第八章 私募股权投资代理风险规避 …………………………………… 150
第一节 私募股权投资的委托代理特征 …………………………… 150
第二节 代理风险的理论分析 ……………………………………… 151
第三节 不考虑委托人和代理人能力及经验约束的代理风险规避 … 154
第四节 委托人和代理人能力及经验有限的代理问题风险规避 …… 156

参考文献 …………………………………………………………………… 158

第一章 我国主要股权投资市场

第一节 创业投资市场

一、创业板的相关概念

俗话说"时势造英雄",企业的发展也有相似之处。一些有潜力的企业在发展之初需要一个适宜它成长的环境才能茁壮成长、发展壮大,尤其是大量的中小企业、创新型企业、民营型企业中的佼佼者。如果它们在发展中能借力而为,将加速推动企业的发展。目前,我国的创业板正是加大这类企业发展壮大可能性的平台。

从某种意义上讲,知识经济催生了创业板。20世纪七八十年代,高新技术、新型商业模式、新能源等创新的力量引领着这一时代的企业。资本市场为这些创新、创业的力量提供了巨大的支持,也在一定程度上有效地解决了企业发展资金受限等问题。

21世纪初,世界金融危机爆发以后,我国中小企业发展举步维艰,此时创业板的推出成为这一时期中小企业的救命稻草,也成为他们重整旗鼓的希望。我国创业板在众人的翘首以待中呱呱坠地了。中国证监会正式发布了《首次公开发行股票并在创业板上市管理暂行办法》(以下简称《暂行办法》)。这一消息对于整个中国资本市场来说,无疑是振奋人心的。中国多层次资本市场的构建和发展也由此开启。

首先,简单介绍一下主板市场。主板市场也称为一板市场。指传统意义上的证券市场(通常指股票市场),是一个国家或地区证券发行、上市及交易的主要场所。一般而言,各个国家主要的证券交易所代表着其国内的主板市场,如美国的纽约证券交易所,我国的上海证券交易所、深圳证券交易所等。主板市场反映了一国整个经济的发展状况,主板市场跟银行一样有"经济晴雨表"之称。与其他证券市场相比,主板市场对发行人的营业期限、股本大小、盈利水平、最低市值等方面的要求较高,因此在主板上市的企业多为大型成熟企业,具有较大的资本规模以及稳定的盈利能力。一般的中小型企业很难达到主板上市要求,所以这类企业就自然而然地被拒之门外了。自20世纪90年代至今,我国资本市场形成了由自主板（含中小板）、创业板（俗称"二板"）、全国中小企业股份转让系统（俗称"新三板"）、区域性股权交易市场及证券公司主导的柜台市场共同组成的多层次资本市场。

创业板市场在各国的称呼都不一样，有些国家叫二板市场，有些叫第二交易系统等。叫法虽然不同，但实质都一样，都是为中小科技型企业或具有高成长性的企业融资而设立的。创业板市场指交易所主板市场以外的另一个证券市场，是与现有主板市场相对应的概念，指在主板之外为中小型高成长企业、高科技企业和新兴公司的发展提供便利的融资途径，并为风险资本提供有效的退出渠道的一个新市场。其主要目的是为新兴企业提供集资途径，帮助其发展和扩展业务。从世界范围来看，创业板市场主要分为两种模式。一种模式是"独立型"，即完全独立于主板之外，具有自己鲜明的角色定位。另一种模式是"附属型"，即附属于主板市场，旨在为主板培养上市公司。在创业板上市的公司发展成熟之后可以直接升级到主板市场。换言之，创业板充当着主板市场"第二梯队"的角色，但是在实践中，我国的创业板并没有起到服务创业型企业的作用。

二、创业板市场选择的对象及受益者

毫无疑问，创业板重点支持新兴企业以及高科技企业。创业板重点关注六类新兴企业，这六类企业主要包括新经济、"中国服务"、"中国创造"、文化创意、现代农业、新商业模式。

创业板关注的第一类企业就是新经济企业。所谓的新经济，就是以互联网、移动通信的增值服务为基础的经济模式。这种经济模式人们现在接触得最多，同时也逐渐成为我们现代生活不可或缺的一部分。如B2C或O2O电子商务、移动互联网、互联网金融、手游、LBS服务、云计算、在线教育、移动（垂直）搜索、大数据服务等形式。这样的竞技模式不但节约人力、空间，还可以提高效率，降低企业能耗。

"中国服务"概念企业是创业板青睐的第二类企业。这类企业关注三个方面的内容。第一是商业连锁，正如连锁经济型酒店和连锁餐厅，形成连锁和复制的形式。第二是高技术和服务业的结合，如现代物流业，电子化技术和传统货物运输相结合，改造原有的物流状态。第三是服务打包，包括IT服务外包、金融服务、配餐公司等。

"中国创造"类的企业也会是创业板支持的对象。"中国创造"包括五个内涵，即技术创新、服务创新、商业模式创新、管理创新以及机制创新。此外，这类企业还具有"三高两低"的特征，即研发投入的比例、研发人员的数量、无形资产占整个资产的比重要高于同行业；产值相比其他企业耗费低、污染低。这样的企业最好能够在关键领域、关键环节实现关键创新，将产品、技术做到精益求精。

文化创意型产业是创业板实现突破的板块。这是新兴产业，具有巨大的发展潜力，在我国还有很大的挖掘空间。目前，中国的巨人网络、新东方、江通动画等都是文化产业创业的代表。随着我国经济发展，教育培训、影视传媒、工业设计等一些文化创意行业都会迅速崛起。目前中国的很多大城市已经涌现出了一批教育培训、文化传播公司，但做强做大的少之又少。创业板的推出无疑给他们的发展提供了一次绝佳的机会。

现代农业是创业板支持的又一个重点。现代农业应该具备四个特征：一是注重科学技术的应用；二是注重现代工业化的生产流水线、标准化生产方法的应用；三是注重现代服务业的品牌管理；四是注重不可复制性。现代农业是指把简单的、粗放的农业化生产变成一种融合现代工业化和现代服务业的产业链条，提高附加值。

新商业模式企业也是创业板需要的创新企业。商业模式的创新贯穿于中国制造、中国创造、中国文化、现代农业之中。商业模式的创新，从本质上讲就是赢利模式的创新，是一种新的赚钱方法。

事实上，创业板市场选择企业有着一定的标准，概括来讲主要有三点：已经迈出创业的初期，进入了快速成长阶段；近几年的成长性已经初步体现，未来的高成长性可以明确预期；有显著的创新性。

创业板推出后，很多人都会受益。发明家、风险投资机构、保荐人、投资人都将分得这块令人眼馋的"蛋糕"。创业板市场为高新技术中小企业提供了一个面向全社会的直接融资渠道，发明创造向现实生产力的转化"瓶颈"将大大缓解，发明的经济价值将得到全社会的认同。发明者通过拥有、出售企业的专利、特许权等无形资产将获得丰厚的回报。

在高新技术企业上市之前，风险资本拥有稳定的退出途径，正是在以私募基金方式组建的风险资本的推动下，微软、谷歌等计算机、信息产业的大鳄才得以诞生和发展。风险资本的规律是：投资10至20个企业往往只有一个成功，而成功的企业会带来数十倍的投资回报，弥补其他的投资损失。风险资本如何从这一个成功的企业全身而退呢？途径有公开发行新股（IPO）、并购、管理者回购以及清算，其中推动所扶持的中小企业到创业板市场上市是最主要的途径。创业板市场有利于消除风险资本投资的沉没成本，引导风险资本退出。这必将激励高收入者、先富裕起来的人加入风险资本投资的行列，积极充当天使投资人，促进我国的风险资本和实业投资、技术发展之间的良性循环。

鉴于在创业板上市企业的特殊性、保荐人的责任和利润的成倍增长，用传统的财务分析方法很难正确评估其市场价值，因此各国创业板市场都实行保荐人制度，我国也不例外。保荐人要对其所保荐的企业的质量向公众投资人负责，这就需要保荐人投入更多的人力、物力来监督，引导上市公司运作。当然，更多的付出对应的是更高的劳动报酬，与主板市场相比，创业板市场的保荐人有望获得更高的管理费。

投资人分享高成长性企业的经营成果。与主板市场相比，创业板企业的成长性更高，在较高的业绩支撑下，创业板市场的股票价格超越主板成倍增长不足为奇。创业板市场的投资者在承受较高风险的情况下，将获得更高的投资回报。此外，高风险投资者被分流到创业板市场后，主板市场的非理性投机将有所减少，市场波动性相应降低，主板市场的投资者也可获得更稳定的投资回报。

但是在实际发展过程中，创业板并没有达到建立的初衷，帮助创业型的创新型企业发展。而后国务院又批准了一个全国性的证券交易场所：全国中小企业股份转让系统，专门为创新型、创业型、成长型企业服务。

三、新三板市场的典型特征

（一）新三板市场的特征

1. 包容性强，市场化程度高

新三板对挂牌企业的要求较低，像资产很小、没有销售收入或没有盈利的企业都可以在新三板挂牌。服务于创新型、创业型、成长型的中小微企业，而这些企业往往是最有成长性、最需要资本市场扶持的企业。

2. 规模小、时间短

新三板市场的企业多数处在创业初期，经营规模小、挂牌时间短，历史数据和经营信息少，很难获得，使得股票交易数据也很少。

3. 融资渠道单一

由于企业规模小、发展具有不确定性、面临的风险因素多，使得企业无论是在挂牌前还是在挂牌后，只有自有资本和短期融资这两种融资渠道，几乎没有长期负债。在新三板市场挂牌，在一定程度上拓宽了企业的融资渠道。

4. 融资小额且高效

小规模企业在新三板市场挂牌后就可以通过定向增资的方式募集资金，而且定向增资的备案速度快。

5. 个股分化严重

在新三板挂牌的企业有的股价依然坚挺，有的大幅下降，有的甚至超出它的定向增资数倍，也有现股价跟高峰相比下降80%的情况。挂牌企业面临着待价而沽和无人问津的问题。

6. 股票流动性比较差

新三板市场是对主板市场、中小板市场及创业板市场的一种补充，是一种场外交易市场，所以新三板市场的交易远不如其他市场活跃。由于转板概念的出现，提高了与其他市场的相关性、联动性，新三板市场的交易活跃了不少。

（二）新三板市场的企业特征

1. 投入性高

跟传统企业相比，高新技术企业在技术研发上投入大量的人力、物力、财力，使企业达到技术上的领先水平，为将来在新产品市场竞争奠定坚实的技术基础。与此同时，企业还要针对技术的商品化进行大量的投入。

2. 高技术含量和独占性

高新技术企业存在和发展的前提是高科技含量，这是区别于传统企业的特征。因为高新技术企业的运营是在有了科研成果后，才在技术或专利所有者的领导下开始的，从而可以看出，技术在一定时间内具有独占性。

3. 成长性好，收益率高

高新技术企业一般在技术或专利具有独占性的期间，凭借技术上的领先和独占性开拓产品市场。一旦市场认可具有高附加值的高科技产品，企业就能获得高额的利润并占领市场。

4. 高风险及不确定性

高新技术企业冒着技术风险和市场风险向市场推出新产品，无论是消费者的认可还是技术都存在巨大的风险。

5. 无形资产的重要性

新三板市场的主要资产形态之一是无形资产，是企业获得收入的源泉。新三板企业多数是在一项或者多项技术或者专利的产业化进程中建立起来的，逐渐形成自身规模，从而占有市场。为了促进技术的更新和进步，企业需要研发、投入更多的技术或专利，在保持市场占有率的基础上进行扩大。

6. 企业的发展和决策

新三板企业是典型的高新技术企业，有着明显的阶段性特征，在把科研成果商品化的过程中，要经过设计、试制、生产等多个步骤。企业需要根据前一阶段的情况来推断出下一阶段的决策，市场理想就追加投资，不理想就不再追加投资。

（三）新三板市场的交易特征

1. 被动的交易机制

新三板市场的交易是投资者在市场上得到的，而不是指令性的交易。这样做的好处就是资源共享，与更优厚的价格无关。

2. 交易比较安全

新三板市场实施的是以机构投资者为主体、限定自然人投资者、规定最低交易股份数额和要求主办商予以代理等交易制度。这种交易制度不仅显示出新三板市场希望尽可能减少交易风险，而且能维持稳定的交易市场秩序。

3. 证券机构的作用

主办券商需要代理交易委托、报价申请、成交确认和交割清算。规范市场交易秩序在一定程度上是通过主办券商来实现的，但是现阶段的交易制度并非做市商制度，主办券商只起到交易代理的作用。

4. 制度的不断完善

新三板市场得益于国家对市场的明确定位以及不断完善的相关政策、制度建设。

经过几年的发展，新三板已经形成了以创新型、创业型、成长型中小微企业为主体的市场规模，成为中小微企业登陆资本市场的最佳选择。并且新三板的运行呈现出挂牌企业数量增长、结构优化，发行公司数量猛增、持续融资特点鲜明，交易机制逐步优化、定价功能不断完善等特点。针对小微企业，新三板特设了"小额、快速、按需"的融资制度，挂牌与发行不做捆绑安排，将融资方式、融资时点、融资规模、融资过程、融资价格的决定权都交予市场。总之，新三板的典型特征就是准入门槛较低、挂牌时间较短、成本低、主要集中于高新技术企业、成长性好、流动性差、定制增资。

四、突破新三板发展困局

市场对新三板的价值认可度显著低于中小板和创业板，流动性不足成为新三板对企业降低吸引力的主要原因。如果说小微创企业具有成长性，估值应偏高，那么新三板市盈率低于中小板和创业板的合理解释便在于差异制度设计下的市场割裂。

当前，一方面，核准制行政性造成主创板供给稀缺，即所谓的壳资源问题，背后的理念支撑是政府对投资价值判断具有管控能力和责任；另一方面，较高的投资者适当性标准也造成新三板需求方力量不足，流动性差又加剧需求不足，形成负向反馈循环。

如何突破这种困境？首先在主创板方面，注册制目标背景下 IPO 常态化及退市制度化，既增加市场供给又优化市场存量，同时缩小沪深交易市场与新三板市场的估值割裂，这也符合增加居民资产的发展趋势。其次，新三板明确发展定位。新三板定位于服务创新型、创业型、成长型中小微企业，无盈利指标准入设定，并不意味着新三板比主创板的层次"低端"，而应是存在一定差别定位和竞争关系的又一集中交易市场，而非界定模糊的场外市场；事实上，随着电子交易的发展，物理意义上的场内、场外市场已然没有区分必要。再次，按分层降低新三板投资者适当性标准，在当前经济结构面临转型、传统产能普遍过剩的形势下，部分新三板企业投资风险并不比大型传统行业企业高，因而以其风险高而设定较高投资者门槛的理由并不充分，应该允许更多投资者来分享创新型和成长型企业的成长红利。

综上信息而言，宜以交易制度改进为抓手。当前，新三板并行协议和做市两种交易制度。附加转让意向平台的协议转让突破互报成交确认的局限，具有集中竞价的某些特征；做市转让试图通过做市商双向报价来构建交易对手方，使交易标的连续成交，从而实现价值发现。做市交易是一种报价驱动交易制度，应该说，做市商制度是改善流动性的一项创新，但由于做市买卖有价差，存在交易成本，因而相比指令驱动的竞价交易，报价驱动的做市交易并不理想。而且按新三板现行交易制度，当投资者的报价优于做市商报价时，即买价高于做市商报买价或卖价低于做市商报卖价，仍按做市商报价成交，这实质上构成报价垄断，必然带来低效率。

我国做市商制度有待改进。大的方面，做市商扩容、大宗交易在期待中；破除做市商对报价权的垄断，如对优于"做市商"的报价进行披露和替代。小的方面，对初始做市库存股仓位适度下调，因为对现有做市制度的诟病主要在于做市商基于牌照低价大量拿票，并在无大宗交易配套的二级市场出货，从而造成做市股股价承压。而且附加集中申报机制的协议转让的搜寻成本大大降低，又可点对点大宗交易，拟IPO企业更便于控制股东数量，这些是当前存在大量做市转协议的主要原因。

竞价交易理论基础和理想模型是完全竞争市场，前提是市场参与者众多，每个交易者不能利用供需数量影响价格，只能是价格接受者。这就要求供给方面股权足够分散、股东足够多；同时需求方面潜在购买者也充分多。主创板企业在IPO后能满足这些要求，因而适用竞价交易，通过交易所主机集中或连续匹配买卖指令形成价格，实现价值发现功能。目前，新三板大部分企业流通股少，股权集中度高，没有充分多的卖方；同时，严格的投资者适当性标准也使买方数量不足，与完全竞争市场相去甚远，因而竞价交易暂未推出。若允许新三板股票公开发行，使得持有一千股份以上的股东突破千人，即千人千股，则竞价交易可行。

伴随公开发行与竞价交易，再适度降低投资者适格标准，则新三板可成长为与主板和创业板并行竞争并差异化定位的多层次资本市场的有机组成部分。

第二节 私募股权市场

一、中国私募股权投资的发展现状

全球资本流动主要通过国际证券市场、企业直接投资、私募股权投资三种方式进行。从世界范围看，私募股权基金的发展已有近百年的历程，在我国，私募股权投资产生于20世纪80年代中期，伴随着证券市场的发展，私募股权投资基金在我国逐步发展壮大。目前，国内外私募股权投资基金在中国市场全面发展，我国已经成为亚洲最为活跃的私募股权投资交易市场之一。

（一）基金筹资数量攀升，单笔筹资金额较少

随着私募股权投资理念在中国的不断深入，私募股权投资作为一种新型投资工具被越来越多的投资者采纳。从筹资角度分析，我国私募股权投资基本呈现"新募基金数量攀升，但募资仍较困难"的态势，单个基金的筹资情况不容乐观。

（二）投资规模扩大，涉及领域多元，投资回报率下滑

衡量私募股权投资业绩可以从投资的规模、投资涉及的行业领域以及投资的回报率三个角度来进行。我国私募股权投资在投资方面呈现出投资规模扩大、投资领域多元、投资回报率下降的特征。

1. 投资规模扩大

由于中国近年来经济高速发展，国内宏观经济运行态势良好和相应的政策扶持，出现了一大批优秀企业，产生了利用资本市场继续做大做强的内在需求，因此我国私募股权投资基金的投资活跃度大幅回升。

2. 投资领域多元

私募股权投资的行业领域呈多元化分布特征，从目前的投资领域分布情况来看，投资偏向传统成熟企业，高新技术产业投资比例较低。私募股权投资呈现出的行业领域多元化发展模式，不仅有助于分散投资风险，而且为私募股权投资的进一步发展壮大提供了广阔的平台。

3. 投资回报率较低

私募股权投资通过IPO方式退出的回报率较低。在证监会的新政作用下，二级市场估

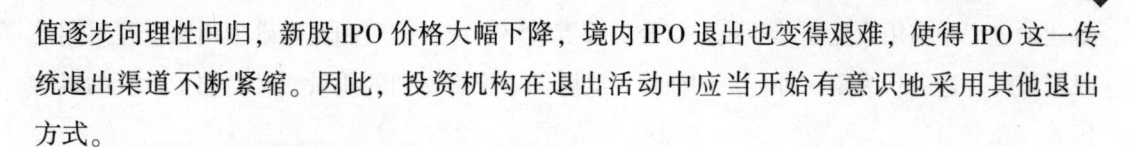

值逐步向理性回归，新股IPO价格大幅下降，境内IPO退出也变得艰难，使得IPO这一传统退出渠道不断紧缩。因此，投资机构在退出活动中应当开始有意识地采用其他退出方式。

二、私募股权投资模式

私募股权投资模式体现了私募股权投资业竞争的本质，是私募股权基金生存的基础。只有建立起整合自身能力的投资模式，才能使私募股权基金获得并保持竞争优势，实现可持续发展。

（一）利用投资模式构建基金战略

1. 投资模式的构成

私募股权基金的投资模式是由投资模式要素组成的，包括投资阶段、投资行业、投资方式、赢利模式、融资结构、投资期限、投资伙伴、投资区域等。投资模式的要素一般是多维度的。

投资模式的每一种要素具有不同的要素形态。例如，投资的阶段要素包括种子期、创建期、扩张期、收购期、破产期等要素形态；投资的行业要素包括信息技术（IT）、生物、基础设施、环境保护、房地产等要素形态。

私募股权基金的投资模式是多要素和多形态的，并且是由这些多要素和多形态组合而成的。假设某一只基金的投资模式具有3个要素和3个形态，那么其投资模式要素形态组合就像魔方一样，与旋转组成魔方的小方块拼出有规则的图案类似，每一个旋转出来的图案就是基金可供选择的投资模式。

围绕创造价值的核心驱动因素设计投资模式。由于各个驱动因素在创造价值上的贡献不同，所以需要围绕创造价值的核心驱动因素来设计投资模式。核心驱动因素就是私募股权基金投资模式的特色。解决和支撑核心驱动因素的能力就是私募股权基金的核心竞争力。

投资基金与企业不同。对于企业来说，赢利模式最重要。赢利模式是建立在企业的核心竞争力基础之上的，反过来，赢利模式也集中体现了企业的核心竞争力。种瓜得瓜，种豆得豆。只有春天播种了好种子，秋天才有好收成。当你在投资中发现了价值、创造了价值，投资退出的渠道就畅通了。否则，设计再好的退出渠道和赢利模式，所投资的企业经营业绩不佳，投资基金也难以全身而退。

2. 投资模式和投资策略是不可复制的

投资基金的投资策略是投资运营的灵魂，关系到投资运营的成败。但现在许多基金在筹建的过程中借用或复制其他投资基金的投资策略，或者借用和复制管理团队以往采用的投资策略。这种行为是一种危险的模仿，既降低了投资管理的质量，又增加了投资的风险因素。

基金的投资策略需要建立在对产业、资本市场和投资市场分析的基础上。由于投资的时机不同、投资的领域不同、投资的产业阶段不同、投资的资本来源不同、投资的政策条件不同、投资的金融资源整合方式不同，以及投资的产业要素变化方式也不同，所以，所谓的借用投资策略完全没有重视上述变数。实际上没有一只基金的投资策略可以被复制和抄袭。

许多投资基金的策划团队在电脑的数据库中寻求投资方案和投资策略，而不是通过分析、归纳和研究来寻求基金管理方案和基金投资策略。这些投资基金的管理团队根本未能真正地理解所采用的投资策略，从而将投资交易变成了一种偶然的、个性化的和缺乏合理性的游戏。

投资基金的管理团队应当从基金出资人的立场出发，用专业的态度对待投资策略的制定，虽然在一个泡沫化和浮躁的时代做到这一点并不容易。

3. 利用投资模式构建基金投资战略

投资模式的策划就是根据资本市场的需求和股权投资市场的需求，在整合思想的基础上，对投资模式的要素和形态进行变换和调整、设计和组合，使基金获利最大化的投资模式。与此同时，整合资源和人才，才能形成强大的竞争优势。

投资模式的创新就是增加投资模式要素及要素的形态，并且按市场需求使关键投资模式要素及要素的形态与其他要素和要素的形态相匹配；整合出满足特殊市场需求、独具特色的投资模式，创造和增加基金经营上的价值空间，构建私募股权基金的持续竞争优势。

投资模式这一命题本应是私募股权基金领导人关注的核心问题。但是在私募股权基金业发展初期较浮躁的状态下，许多私募股权基金领导人并没有清楚地认识到这一点。就好比在中国经济发展的起步阶段，许多企业处于追求规模的阶段，只知道赚钱，一批民营企业衰落了，企业才开始意识到要建立核心竞争力。没有构建可持续的投资模式的私募股权基金，即使现阶段收益可观，但是因为没有可持续的投资模式，以后的经营风险也会越来越大，最终走向失败。正如一句德国谚语所说，时间是筛子，最终淘去一切沉渣。故私募股权基金应该构建持续的竞争优势，即按照中国国情和行业特点设计投资模式，依据投资模式制定基金战略并构建基金的核心竞争力，利用增值服务增强差异化的竞争优势。很可能只是在投资模式上微调，你就开拓了一片"蓝海"。

随着私募股权投资业的发展和升级，缺少增值服务能力的私募股权基金将越来越边缘化，具有积极投资管理能力的私募股权基金将强势发展。

（二）集中化战略

1. 私募股权基金的深度与广度

私募股权基金可以倾向于广度，将投资分散在若干行业或者市场。私募股权基金也可以倾向于深度，做一个有深度的投资基金，集中投资在聚焦的行业，虽然投资覆盖的市场相对较窄，但是其投资经营具有深度，例如，在选择投资项目时独具慧眼，能够提供更好的增值服务等。

私募股权基金倾向于投资的广度，往往以牺牲投资的深度为代价。二者不可兼得。业绩突出的基金经理往往具有研究发掘那些不为人知的信息的独特能力，并像企业家一样去深入地了解和经营企业，并提供增值服务。这些专家型的基金经理一般都在一个行业积累了大量的经验、知识和人脉。

专业化产生竞争优势。一是通过专业化的深度调研和增值服务为投资成功提供了最大的机会，专业化还提高了工作质量和效率，产生了竞争力，形成了基金的竞争优势，创造了更好的投资业绩。二是高度专业化与具有创新意识的管理团队组合，可以不断创新，保持持续的竞争优势，使之能够从容应对资本市场"兵戎相见"的挑战。过分专业化固然有风险，但是把精力和资源过度分散的风险会更大。专注是一种强大的力量，专家往往打败杂家。

集中投资并且留心这个篮子。有人说"不要把所有的鸡蛋放在一个篮子里"，这就等于"分散了你的财力和精力"；但是也有人说"把所有的鸡蛋放在一个篮子里，并且留心这个篮子"，这就是集中投资。集中性的投资策略的含义一是选择正确的鸡蛋放入篮子里，如果篮子里只有几个鸡蛋，那么这几个鸡蛋最好都是好鸡蛋。分散化的投资组合并不能让坏鸡蛋变成好鸡蛋。对于私募股权基金来说，就是选择投资正确的企业。二是投资后更重要的是留心这只装满鸡蛋的篮子。对于私募股权基金来说，就是要向投资企业提供增值服务，提升企业的价值。

2. 行业专业化基金

行业专业化基金可能被认为是行业的投资专家，特定产业的投资基金包括生物医药、IT、网络、房地产等。

作为新进入私募股权投资业的投资者，最好把第一只基金设成专业化基金。一开始投资自己擅长的一个行业、一只基金、一个概念。这样的基金可以通过不同阶段的投资进行多样化投资，从种子期到晚期，甚至包括管理层收购。基金管理公司在获得了专业经验和市场的认可后，就可以从核心扩张，用新的基金来扩张基金公司的业务范围。

行业专业化基金的业绩好于多样化基金。一些专家认为，专一的私募股权基金比多样化私募股权基金的业绩好。而这些成功者失败的原因是他们从事了不熟悉的网络投资。美国的私募股权基金从20世纪90年代初期开始向专业化方向发展。20世纪90年代末，亚洲和欧洲也出现了专业基金。特别是出现在全球需求旺盛的技术行业，如电信、无线电技术、生物技术、医疗、传媒和能源。私募股权基金提高其专业化程度是市场的大势所趋。

（三）核心化战略

一个优秀的私募股权基金到底是采用集中化、专业化的战略，还是采用多元化、分散化的战略？这些并非取决于表面的集中化、专业化或者是多元化，而是看能否聚焦到核心战略。

1. 投资模式与核心竞争力

私募股权基金是通过形成自己的投资模式，并且将之归纳为一系列作为指导原则，从而构建和培育其核心竞争力的。

围绕核心竞争力建立私募股权基金的核心业务，我们称为核心化战略。私募股权基金的核心能力构成基金的核心专长，并构成基金竞争优势的基础。所以，私募股权基金应该围绕核心竞争力建立基金的核心业务，在激烈的资本市场竞争中拥有生存和成功的竞争优势。

专注于核心竞争力与谋求市场领导地位实际上是一个硬币的两面。市场领先的基金成功的关键是聚焦在一个焦点，聚焦核心才能走在竞争的前列。

2. 投资阶段的核心化战略

私募股权基金的核心化战略主要体现在基金集中投资在最能体现其核心竞争力的投资阶段。私募股权投资按照企业的生命周期主要有以下的投资阶段：种子期、研发期、创业期、扩张期、上市的过渡期、收购或兼并期、从亏损到盈利的转变期。

投资的核心能力与高投资回报的投资阶段相匹配。投资风险越高，投资回报越高；反之，投资风险越低，投资回报越低。在投资风险高的投资阶段获取高投资回报，要求投资基金具有特定投资阶段的高超的能力和专门化的技术。投资风险越高、投资回报越高的投资阶段要求投资基金的能力越强、技术越专门化。

实施核心化战略的领先基金都是聚焦在特定的投资阶段上的。基金通过投资阶段的聚焦，即投资主要集中在自己擅长经营的投资阶段，才能充分发挥基金的专长，为被投资公司提供增值服务或者实施主导经营和重整，从而获取高于资本市场的、高于其他私募股权基金的高收益，形成持续的竞争优势。例如，从事孵化高科技企业的种子基金、投资成长期企业的成长基金、专门投资破产企业的重整基金等。

3. 投资方式和工具的核心化战略

私募股权基金的核心化战略的另一个主要表现，是基金聚焦在最能体现其核心竞争力的投资方式和工具上。实施这种核心化战略的私募股权基金，专注于自己最擅长经营的杠杆收购、管理层收购、企业重整投资等。在核心经营的领域，基金具有这种特定投资方式的技能和经验，对相关的投资工具的使用和创新驾轻就熟，关系网络庞大而有效，在信息获取、决策速度、增值服务等方面具有竞争优势，掌握了市场的交易流，成为私募股权基金的领先者。

第三节 企业并购市场

一、中国近年并购市场发展现状

（一）并购交易规模和数量不断创历史新高

随着我国产业结构调整升级和监管简政放权，近年我国并购交易市场出现爆发式增长。伴随并购交易规模和数量的不断攀升，平均单笔并购交易金额也出现大幅增长。

（二）并购活跃地区集中东部沿海，北广上领跑

从并购交易的数量和金额来看，华东地区、华北地区、中南地区等为并购交易活跃地区，尤其是北京、上海以及东部沿海发达城市。相比较而言，中西部地区和东北地区并购市场则较为平淡。

（三）杠杆收购趋势明显，资本市场运作用途明显

在并购方式方面，首先，在交易金额方面，以发行股份购买资产为主，以协议收购和增资为辅位，在交易数量方面，协议收购和增资占比较大；其次，在协议收购和增资方式中，以现金支付为主，其次为现金+股权、股权等方式。在实务中，交易对价支付的杠杆率逐步加大，并购方通过成立并购基金，以银行理财资金作为优先级资金来源、以其他金融机构资管计划作为劣后资金来源的模式逐渐普遍，并购方实际到位的自有资金比例逐渐降低。

（四）跨境并购平均交易规模大，数量比重持续攀升

随着近年我国企业海外扩张步伐加快，境外并购规模持续增长。

二、近年我国并购市场发展的动因分析

近年来我国并购市场发展的根本原因是产业结构调整升级、微观经济主体谋求转型的需求。面临经济转型的关键期，企业内生增长不利，只能寻求外延扩张，通过横向并购获取规模经济、通过纵向并购获取产业链经济、通过混合并购实现多元化战略和业务转型的内部动机强劲。同时，国家战略导向和政策放松的外部环境为并购市场发展提供肥沃土壤。

（一）以横向并购、资源整合目的为主，追求协同效应

现阶段，由于我国企业大多研发实力有限，不利于通过研发扩充产品线，目前大多数并购交易的目的仍以横向并购为主导，通过产生协同效应来获取规模经济。具体表现为通过并购同类型固定资产、产品、生产技术等达到充分释放产能的目的，通过并购销售渠道达到加强产品市场控制力的目的。

（二）以纵向收购、多元化收购目的为辅，打通产业上下游，实现业务转型

随着我国部分优质企业不断发展，以整合产业链、获得对产业链更大影响力和控制力为目的的企业并购数量开始逐渐攀升。纵向并购有助于企业降低成本、塑造供应链优势、提升综合竞争优势。

同时，随着经济发展进入新常态，许多传统行业面临产业升级，业绩备受压力。当企业原有业务增长出现可预见的瓶颈时，众多传统企业开始通过外延式发展进入新的业务领域，用新业务接替原有业务来承担业绩增长的压力。

（三）逐渐宽松的国家政策环境是并购市场发展的有力外因

资源整合、产业链整合与业务转型等内部动机以及外部政策环境的支持，为并购强力发展提供了肥沃土壤。

随着新三板市场的快速扩容，相应的兼并收购交易亦迅猛增长，且新三板并购重组制度也不断增强补丁，制度不断完善，政策红利不断释放，也为新三板企业参与并购重组创造了更好的外部环境。并购已成为新三板市场一道亮丽的风景线，并在新三板这一市场化导向的市场上发挥越来越重要的资源配置作用。资源配置、优胜劣汰是资本市场的基础功能。新三板市场高度分化，有价值的并购能产生协同效应，促使产业整合、升级，依靠并购更好地发挥新三板资源配置功能，帮助企业在新三板市场发展。

三、我国并购市场未来发展分析

（一）构建多层次资本市场，资本市场并购融资需求井喷

构建多层次资本市场、积极发展直接融资的基调，以降低社会融资成本和杠杆率，达到去杠杆、降成本的目的。由此使得围绕资本市场的并购融资持续活跃。

第一，监管不断简政放权，取消上市公司并购重组的行政审批（借壳上市除外）。上市公司具有较大动力，通过定增或并购实现市值管理，进一步加速了上市公司并购重组。第二，随着注册制与战略新兴板的推进，A股估值逐渐回归基本面，将带来拟上市企业上市前为提高控制权的股权整合并购机遇，以及海外创新型上市公司回归A股前私有化的并购机遇。第三，新三板市场融资便利化、挂牌相对确定性、转板试点逐步推进，市场化的政策和灵活性有利于整个新三板市场并购的开展。

（二）国企重组、转型和整合将占据并购重组主战场

近年来央企重组开始加速，央企并购重组大潮出现。随着国企改革进一步深入，国有资本投资公司和国有资本运营公司开展实质性运作，并购市场将迎来极大发展机遇。国企将面临重组、转型和整合的高峰，在国有企业混合所有制改革中，通过引入新的战略投资者、出让非主营业务资产、收购核心业务资产，国企并购将占据并购主战场。

（三）中央去产能号召，龙头企业并购获取规模效应

中央经济工作会议五大任务中以去产能和去库存为首，辅以处置不良资产、严控新增产能等配套政策，由"淘汰落后产能"过渡到通过兼并重组"化解过剩产能"。

化解过剩产能和严控新增产能适应行业龙头通过兼并重组达到规模效应的并购融资需求。同时，在去库存背景下，房地产行业新增土地供给受到遏制，大型房企将通过并购方式在二级市场上受让土地，以提高市场份额及行业集中度。

（四）全球化战略和"走出去"政策激励跨境并购持续增长

外汇储备流失较快等原因导致我国资本项下的对外直接投资审核趋严趋紧，但是对于高端技术、先进制造等方面的收购，国家"走出去"的战略始终未曾改变。一方面，我国处于产业升级和结构转型阶段，技术水平相较发达国家差异较大。我国需要利用海外尖端技术以促进制造业发展，改善环境问题，提高跨国并购的活跃度。另一方面，境内外的估值体系差异较大。随着全球经济增速放缓，国内企业开始在全球寻找新的利润增长点。

第二章　股权投资的方式与流程

第一节　股权投资的方式

一、天使投资

天使投资一般是创业企业最初形成阶段（种子期）的主要融资方式，主要是由富有个人或天使机构直接向企业进行的一次性投资。天使投资者不仅向创业企业提供资金，往往还利用其专业背景和自身资源帮助创业企业获得成功。

天使投资的主要标准如下：

（一）创业者或创业团队有热情、有头脑、有经验，能力全面、思想开放

天使投资机构通常不会投没有经验的"新手"，这样风险太高。同时希望企业的创业团队中的核心成员在相关领域有工作经验和良好的业绩，头脑灵活不偏执、容易沟通。

（二）有可供验证的产品或服务

通常，大多数天使投资机构不会凭着一纸商业计划书投资，而是希望创业团队已经开发出可供验证的产品，最好已经有一定数量的用户。有时候，如果天使机构和创业团队是多年的朋友，而且创业团队之前有非常成功的经验，天使投资人也不排除会对创意（通常称 idea）进行投资。

（三）有成长潜力和广阔的市场空间

由于天使投资承担着比普通投资更大的风险，因此常常期望能获得比普通投资更大的回报，所以天使投资更加强调企业商业模式有"爆发式增长"的潜力，也就是商业模式本身要有充分的可扩张性。如互联网商业模式，只要针对的受众群够大，往往都具备良好的可扩张性；在传统行业中，如连锁经营行业，可扩张性取决于优秀的管理、运营与低资产

扩张能力。能赚钱的生意很多，特别是在传统行业，很多看起来很平常的生意做得好都会非常赚钱，但并不意味着有潜力做大。

（四）商业模式可行、产业链定位清晰

商业模式可行不仅指企业运营在商业模式上可以盈利，同时还要在现实中有操作可行性。另外，企业还要考虑在整个产业链中的定位和价值。产业链定位不够清晰的企业往往会遇到经营上的困难：如果企业处于经营的"红海"位置，那么就要求企业在模式和资源上有过人之处，能够形成竞争壁垒；如果企业处于经营的"蓝海"位置，那么就要求企业在成功的各个关键点上能够以某种形式验证。

（五）风险可以控制

风险有内部风险和外部风险。内部风险可能来自产品、技术、团队、管理、运营、财务等方面；外部风险可能来自竞争对手、法律政策、市场环境等方面。所有投资人都不喜欢带有"赌博"性质的投资，不希望企业的商业模式在某个关键点上有较大的不确定性，不希望企业的成功高度依赖某些不稳定的资源。

二、VC投资

VC（Venture Capital）投资，即风险投资，又称"创业投资"。VC投资是典型的企业成长与科技成果转化的孵化器。该类投资是集金融服务、管理服务、市场营销服务于一体的全方位战略投资，不仅为种子期和扩展期的企业带来了发展资金，而且带来了先进的创业理念和企业管理模式，帮助企业解决各类创业难题，使很多中小企业得以跨越式发展。因此，风险投资是优化现有企业生产要素组合、把科学技术转化为生产力的催化剂。

一般来说，VC机构从以下5个方面评估企业是否符合他们的项目评选标准：

（一）商业计划具备可行性

VC机构一般先评估企业的商业计划书是否合理、数据是否翔实，是否能够按计划吸引到投资，是否能完整地说明企业的经营现状、营运规划及未来的市场和产品发展计划等。

（二）经营团队的背景与能力

无论如何审慎评估、采用何种评估方法，VC投资本身都是一种高风险的投资行为。因此，很多有经验的风险投资评估机构都把投资焦点放在创业者及经营团队上，凭借多年

的评估经验，将风险企业的创业人是否具有企业家精神，以及风险企业是否具有一个团结向上的经营团队作为主要评估内容。

（三）市场规模大小与开发潜力

市场分析是产品、技术、财务评估的基础。任何风险投资项目都必须具有一定的市场空间基础，才能维持企业的生存与发展。

（四）产品与技术能力

VC 投资机构会详细了解该项目的技术来源、核心技术竞争能力、技术风险、产品功能特性、生产制造计划、周边产业配套程度、专利与知识产权、政府政策支持等方面的综合情况。因为产品及技术能力是评价风险项目能否盈利的主要依据之一。

（五）财务计划与投资收益率

VC 投资机构会评估企业过去的财务记录，以及目前的股东结构、未来财务计划的合理性、申请投资金额的合理性、回收年限与投资报酬的实现可能性等，以保证该项目具有理想的财务预期。

三、PE 投资

PE（Private Equity）投资，通常称为私募股权投资，是指创业投资后期的私募股权投资部分，即对已经形成一定规模的、并产生稳定现金流的成熟企业的权益性投资。投资形式多采用私募形式，在交易实施过程中附带考虑将来的退出机制，通常通过上市、并购或管理层回购等方式出售持股获利。

PE 与 VC 虽然都是对上市前企业的投资，但是两者在投资阶段有很大的不同。VC 投资对象为处于创业期的中小型企业，而且多为高新技术企业；PE 着重于企业成长与扩张阶段，可以是高科技企业，也可以是传统行业。

由于 PE 投资于相对成熟的企业，因此有一套更加严格的投资标准来筛选企业。下面是一家 PE 机构的投资标准：

一是项目是国家产业政策鼓励与具有国际化、成长优势的行业，如装备业、消费服务业、互联网产业等领域。

二是细分行业前三位或具备挑战行业领袖的潜力企业，特别是垄断行业的民营企业新秀。

三是企业发展战略目标清晰、专心专注、步骤明确、注重节奏，资本投向具体并注重实效，不搞产业多元化。

四是在公司创业第3~5年出现快速成长拐点，5年以上未见快速成长的不宜投资。

五是管理规范。企业历史沿革清晰，产权形成清楚，业务、人员、机构要独立，3年内不存在重大违纪违规记录，避免企业在环保、税收、用工等方面的不规范行为。对有国有资本进入并参与管理过度的要谨慎；对企业文化落后，慢条斯理、按部就班，派系林立，互相牵制的改制企业要谨慎；对过度依赖政府与政策支持、企业家成为政治家的企业要谨慎。

六是对大股东转让股权、套现倾向明显、存在资金饥渴又不让深入尽责调查的，只要资金不要服务、只要出价高不要服务好的要谨慎。

七是企业家有独特魅力，首先要有从事该行业的基因，其次有清晰战略，对行业了如指掌，再次要行动敏捷，知道该怎么做就马上做，还要为人厚道、关爱员工、有社会责任感，但好出风头、虚荣心强、生活化倾向太明显、地位不突出、经营管理完全委托专业团队管理，第二代接班人没有付出学费、懂得创业艰难守业更难的道理前要谨慎。

四、Pre-IPO 投资

Pre-IPO 投资是指投资于企业上市之前，或预期企业可近期上市时的权益投资，其退出方式为上市后从公开资本市场出售股票退出。

与投资于种子期、初创期的 VC 或 PE 投资不同，Pre-IPO 投资的投资时点在企业规模与盈收已达可上市水平时，甚至企业已经站在股市门口。Pre-IPO 投资具有风险小、回收快、回报高的特点。在高盛、摩根士丹利等大规模基金投资组合中，Pre-TPO 投资也是重要的组成部分。

以下为一家公司的 Pre-IPO 的投资标准：

一是巨大产业发展空间；

二是细分行业龙头企业（前3名）；

三是较强的核心竞争力；

四是清晰的商业模式；

五是优秀的管理团队；

六是投资前一年或当年净利润不低于2000万元；

七是过去三年净利润年均增长率不少于30%；

八是未来三年净利润年均增长率不少于30%；

九是各项指标符合IPO发行制度和规则；

十是法律和财务方面无实质性的上市障碍。

从中可以看出，Pre-IPO投资标准更加注重企业的成熟度和是否符合发行上市条件。Pre-IPO投资主要通过提升所投资企业的能力和资本市场形象来提升企业价值，通过成为公众公司、成功实现企业价值重估和定价来取得高额投资回报。通常，声誉良好的基金会提升企业的资本市场形象，这对普通投资者起到了"先吃螃蟹"的示范作用，有助于提升投资者对企业的信心。

目前，在证券发行审核制度背景下，证监会在审核企业时，除了对IPO企业信息披露、合规经营审核外，还对企业的持续性经营能力进行审核。市场也认为，通过证监会审核的企业基本上都是优秀的企业（财务造假的除外）。因此，Pre-IPO基金投资时往往将企业是否符合发行条件、能否快速上市放在首位，而对企业的价值重视程度不够，设定投资标准时也有较明显的"短视"行为。未来随着我国发行审核制向注册制转变，证监会将对企业持续经营能力和成长性的考察放归市场。届时只有盈利能力强、成长性好的价值企业能够获得高的估值，而这就需要Pre-IPO基金转变经营思路，由"快准狠"转变为"稳健精进"。在投资财务指标放宽松的同时，股权投资基金战略眼光前瞻和专业价值判断等方面的个性化标准将体现在基金的投资标准里。但是作为专业的股权投资基金，坚持优中选优，并能够控制流程这一投资标准是股权投资永远不过时和有用的法则。

第二节 项目投资

一、项目收集

（一）项目收集渠道

股权基金要取得良好的投资回报，如何在众多项目中以较低的成本和较快的速度获得好的项目是关键。因此，基金管理团队在充分利用自有资源的同时也会积极从外部渠道获取项目信息，建立多元化的项目来源渠道。一般来说，投资项目的来源渠道主要包括自有渠道、中介渠道以及推介渠道等，如表 2-1 所示。

表 2-1 投资项目的主要来源渠道

渠道	描述	途径
自有渠道	主动进行渠道建设，通过公司自有人员的关系网络、参加各种风险投资论坛的会议和对公开信息的研究分析收集信息	个人网络、市场分析、战略合作伙伴、股东
中介渠道	借助或联合相关业务伙伴（如银行、券商等）、专业机构（如律师或会计师事务所等）以及其他创投公司获取交易信息	银行或投资银行、证券公司、律师或会计师事务所等其他专业机构（如咨询公司、广告公司等）
推介渠道	利用机会参加不同机构举办的各种项目推介会、项目路演会以及创业比赛	创业孵化器、产业园、科技园、大学、科研机构等

各种信息渠道来源提供的项目信息质量存在差异，通常通过个人网络、股东、业务伙伴获得的项目信息质量比较高。因此，基金管理团队在寻找项目过程中倾向于通过朋友、熟人获取项目。另外，通过有业务往来的中介机构推荐的项目质量比较高，一些重要的投资洽谈会也是收集高质量项目的重要渠道之一。

（二）项目收集形式

股权基金收集项目的主要形式就是企业的"商业计划书"（以下简称 BP）。BP 是融资方（企业）为了实现融资或其他发展目标，根据一定的格式和内容要求而编辑整理的一个向股权投资者全面展示企业目前发展情况以及未来发展潜力的书面材料。即使融资方最初没有提供 BP，如果股权基金有进一步洽谈兴趣，会要求对方补充，因为后期项目投资业务离不开 BP 提供的全方位的原始信息。股权基金收到 BP 后要及时整理，建立自己的项目库。

BP 与传统"项目可行性报告"存在一定差异。一是用于融资方式不同。BP 主要是用于股权融资，而"项目可行性报告"主要用于债权融资或政府立项。二是提供对象不同。BP 主要是提供给权益性投资机构，如股权基金等，而"项目可行性报告"主要提供给债权投资机构或政府相关机构，如商业银行等。三是内容侧重点不同。BP 侧重企业整体信息，包括企业股权结构、企业管理团队、企业所处行业、企业研发、企业产品及市场、企业商业模式、企业发展战略、企业财务状况、企业融资计划、投资退出计划等；"项目可行性报告"侧重项目信息，包括项目技术性、项目环保性、项目生产性、项目财务指标（投资总额、内部收益率、投资回收期、平衡盈亏点以及价格敏感性等）、还款计划等。

二、项目筛选

（一）项目筛选目的及要求

所谓项目筛选，就是对收集的项目进行初步评估，为项目立项提供依据。有的股权基金往往把项目收集与项目筛选合二为一，即在项目收集的同时对项目进行筛选。

项目筛选的要求是项目基本符合该基金的投资偏好，如表2-2所示。由于受专业人才、基金规模以及运作模式等方面的限制，为了提高投资成功率，筛选项目时首先要考虑基金投资偏好。反过来，为了提高融资成功概率，融资方需要根据自身项目特点有针对性地选择股权基金。

表2-2 项目筛选依据

基金偏好	相应的融资项目要求
投资强度	考虑单个投资项目的投资额度，规模较大的基金投资额度较大，反之，投资幅度较小
投资行业	考虑是否属于基金募集说明书中载明的投资领域（行业基金）、基金对该领域是否熟悉、基金是否有该行业的专业人才等
发展阶段	考虑项目发展阶段，如种子期（天使投资）、初创期（VC）、发展期（成长基金）、成熟期（并购基金）
运作模式	考虑融资方式，如债股结合（夹层基金）、众筹平台项目（众筹基金）
投资对象	考虑投资对象，如子基金融资（母基金）、物权（物权基金）、上市公司私人股权（PIPE）
投资区域	考虑投资地域，如是否位于基金附近城市、是否位于经济发达地区等

（二）项目筛选业务

项目筛选业务一般由投资业务员处理，其根据BP信息对照基金投资偏好，决定是否通过筛选。也就是一般投资业务员便可决定项目是否通过项目筛选。通过筛选后，便进入立项程序。没有通过筛选的项目都要进入基金项目库，以便以后进行查询。

三、项目立项

（一）立项目的及标准

通过筛选表明项目基本符合该基金投资偏好，但是否具备投资潜力还需要经过合规性及实质性评估。所谓合规性评估，即基金会制订一些投资条件（立项标准），满足这些要求的项目便可进入实质性评估。所以,立项就是对项目进行合规性评估。

立项标准制订的原则是考察项目的市场空间及排他性(项目门槛),确保项目在一定时间内有足够的发展空间及较少的竞争对手,从而满足资本市场的要求,如上市,以便基金可以尽快地退出。立项标准主要从宏观环境、企业结构、运作模式、企业战略以及退出方式五方面进行考虑,但对不同基金以及不同项目考察的侧重点不同。

(二) 立项业务

立项业务主要由项目组负责,一般投资经理具有立项权或由项目组集体表决。立项依据主要有企业提供的 BP 以及约谈企业负责人进行面对面交流,并就一些关键问题做一次口头介绍或讲演。投资经理可通过这次面谈获取更多有关项目的信息,核实 BP 中所描述的主要事项。

决定立项后就要起草《立项报告》,作为立项依据。《立项报告》的内容主要以 BP 为基础并结合基金立项标准。《立项报告》需要明确立项的理由以及未来尽职调查过程中的评估重点。

另外,立项通过,表明股权基金对该项目可以正式配备专门的项目小组以及安排相应的费用预算。

四、尽职调查

(一) 尽职调查的目的及必要性

尽职调查又称尽调或谨慎性调查,其内容包括企业的背景与历史、所属行业,企业的营销、制造方式、财务资料与财务制度、研究与发展计划等各种相关的问题。尽职调查的目的就是对通过立项的拟投项目进行实质性评估,也就是独立于项目公司提供的 BP,由基金方委派专业人士亲自入场,按照基金的投资要求对项目潜在投资价值和投资风险做出实质性判断。

尽职调查的必要性首先在于信息不对称,只有通过实际的、详尽的、专业的调查才有可能全面了解企业情况,佐证 BP 的相关信息。其次,尽职调查也为合作双方奠定了合理估值及深入合作的基础。再次,尽职调查中对有关的单据、文件进行调查,这本身就是一个保存和整理证据的过程,相关情况能以书面证据的方式保存下来,以备查询或留作他用。因而,详尽准确的尽职调查是股权基金客观评价项目、做好投资决策的重要前提条件。

（二）尽职调查的方式

尽职调查的方式很多，主要有现场调查、搜寻调查、官方调取、通知调查、秘密调查和委托调查。

1. 现场调查

现场调查可以对调查对象有比较直观的了解，并可以得到据以调查的相关线索。因此，现场调查是尽职调查最常用的方法，它包括现场会谈和实地考察。若采用现场会谈，应当约见尽可能多的、不同层次的成员，包括市场销售部门、行政部门、财务部门、生产部门的主管。会谈主要了解企业经营战略和发展思路、企业文化、团队精神、企业的内部管理及控制等情况，通过会谈获取对企业高管的感性认识。实地考察应侧重调查企业的生产设备运转情况，生产组织情况，实际生产能力，产品结构情况，订单、应收账款和存货周转情况，固定资产维护情况，周围环境状况，用水、用电、排污情况，员工的工作态度及纪律等。

2. 搜寻调查

搜寻调查指主要通过各种媒介物搜寻有价值的资料。这些媒介物包括报纸、杂志、新闻媒体、论坛、峰会、书籍、行业研究报告、互联网资料、官方记录等。搜寻调查应注意信息渠道的权威性、可靠性和全面性。

3. 官方调取

官方调取指通过行业协会、政府职能管理部门获取或调取企业的相关资料。如通过工商管理机关、税务机关、金融管理机关、外汇管理部门、环保管理部门、卫生管理部门、质量监督管理部门、供电部门、供水部门、土地及城建管理部门、行业主管部门等调取资料。

4. 通知调查

即通知被调查人，要求其提供相关资料和申报信用记录，然后对该资料和记录进行抽样验证、分析。

5. 秘密调查

秘密调查指在被调查人不知道的情况下进行的调查方式。主要通过接触客户的关联企业、竞争对手、商业伙伴或个人获取有价值的信息。

6. 委托调查

可以委托社会中介机构进行部分或全部信息调查。对于比较重要或法律关系复杂的融资租赁交易，可以利用律师执业技能、专业知识以及法律赋予的调查取证的特权，进行律师尽职调查，形成全面、专业、规范的律师尽职调查报告，供信用评估时参考。对客户的财务调查可以委托注册会计师进行，也可将租赁物委托资产评估师进行资产评估，形成专业的评估报告。

（三）尽职调查的主要内容

尽职调查内容涵盖企业所有情况，包括企业商业秘密，所以，股权基金进行尽职调查前需要与项目公司签订保密协议，以保障项目公司的利益。尽职调查的内容主要包括项目公司历史与现状调查：如改制与设立、历史沿革、发起人和股东的出资、重大股权变动、重大重组并购、主要股东情况、内部职工持股（如有）情况以及商业信用情况等；项目公司业务与技术调查：如行业及竞争、采购、生产、销售、核心技术人员、技长与研发等方面；项目公司同业竞争与关联交易调查：如同业竞争、关联方及关联交易等；项目公司人力资源调查：如员工基本情况、高管人员任职情况及任职资格、高管人员的经历及行为操守、高管人员胜任能力和勤勉尽责情况、高管人员薪酬及兼职情况、报告期内高管人员变动、高管人员是否具备上市公司高管人员的资格、高管人员持股及其他对外投资情况以及企业人力资源管理体系等；项目公司组织结构与内部控制调查：如公司章程及其规范运行情况，组织结构和股东大会、董事会、监事会运作情况，独立董事制度及其执行情况，内部控制环境、业务控制、信息系统控制、会计管理控制以及内部控制调查等。尽职调查主要从业务、财务以及法务三方面对拟投项目进行投资风险与潜在投资价值的调查。以上尽职调查内容大致分为投资业务、财务以及法务三部分，所以，尽职调查小组一般由三部分人员组成：投资专业人员、财务专业人员和法律专业人员。其中财务和法律人员有时可以聘请或委托第三方会计师事务所以及律师事务所专业人员担任。

（四）尽调报告

尽职调查结束之后，尽职调查小组需撰写书面尽调报告，一般包括"投资业务尽调报告""财务尽调报告"以及"法务尽调报告"，或者一份综合的"尽调报告"，包括投资业务、财务以及法务三方面内容。"尽调报告"独立于项目公司提供的BP，是基金尽职调查团队通过实际调查得出的投资判断，但涉及的内容与BP相似，并且对BP涉及的内容进行佐证。

五、投资方案设计

尽职调查结束后，除了要对投资与否进行判断外，还要对投资价格以及投资策略等进行建议，即设计投资方案。所以，尽职调查后的主要工作就是以"尽调报告"为基础撰写用于基金内部的"投资建议书"或用于谈判的"投资框架协议"（条款清单，Term

Sheet），其目的就是设计投资方案。

（一）股权估价

理论上估价方法很多，但在股权投资实践运用中都存在一定的局限性。一是所有估价方法自身在理论原理上都存在不足之处；二是不同基金会从不同角度对企业进行价值评估；三是由于针对股权基金特有的赢利模式，现有的估价方法都不适合。所以，目前股权投资在实践中没有统一的估价方法，但成本法、收益法、市场法在实践中运用比较普遍。

1. 成本法

成本法的原理就是将企业的各项账面资产按照重置成本进行调整并加总而得到企业的价值。但在股权投资中，与投资人决策相关的信息是各资产可以带来的未来收益以及股权基金通过退出能带来的收益，而不是其现行市场价值。价值评估的对象是企业整体的价值，而整体的价值来源于要素的结合方式，而不是各部分的简单相加。成本法以单项资产的再建成本为出发点，可能忽视企业的获利能力，而且在评估中很难考虑那些未在财务报表上出现的项目，如企业的垄断收益以及资本市场收益等。所以，虽然操作性较好，但不能真实反映股权投资进而评价企业的价值观。

2. 收益法

收益法即现金流贴现法，是将企业所产生的未来现金流量进行折现而得到企业的价值，所使用的模型是现金流量模型。股权投资使用这一方法存在的不足之处在于：一是难以准确估计现金流量。未来现金流量要通过财务预测取得，如销售收入预测以及成本预测，由于主观性以及信息不对称，股权基金难以准确预测拟投企业未来5~7年的现金流，而且工作量非常大。二是收益法虽然在反映企业盈利能力方面比成本法更为科学，但同样存在不能反映股权投资赢利模式的问题。

3. 市场法

市场法即市场比较法，它主要是利用类似上市企业的一系列市价比率指标来估计目标企业的价值，得出来的结论是相对于可比企业的一种相对价值，而非目标企业的内在价值。市场法的最大特点是易操作，最常用的有PE法（市盈率法）、PB法（市净率法）以及PS法（市销率法）三种，其中PE法最为常见。

PE法即：

目标企业每股价格＝可比企业平均市盈率×目标企业每股净利

使用这一方法的基本要求是：首先，目标企业与可比企业必须在增长潜力、股利支付率和风险（股权资本成本）这三个因素方面类似。这三个因素中最关键的是"增长潜力"。增长潜力类似不仅指具有相同的增长率，还包括增长模式的类似，例如，同为永续增长，还是同为由高增长转为永续低增长。其次，在选择可比企业平均市盈率时还需考虑股权基金投资后由于企业规模增加，增长潜力、股利支付以及风险都会发生变化，所以，要对可比企业平均市盈率进行矫正，也就是所谓的投资后市盈率。最后，使用这一模型，被评估企业必须连续盈利，否则市盈率将失去意义。

PB法即：

目标企业每股价格＝可比企业平均市销率×目标企业每投净利

使用这一方法的基本要求是：首先，目标企业与可比企业必须在股东权益收益率、股利支付率、增长率和风险这四个方面类似。其中最关键的因素是"股东权益收益率"。同样，如果其他三个因素类似，股东权益收益率差距较大，也要对公式进行修正；其次，这一模型也有它的适用性，即适应于拥有大量资产（如汽车制造行业）、净资产为正的企业。固定资产很少的服务性企业和高科技企业，净资产与企业价值的关系不大，其市净率没有实际意义。

PS法即：

目标企业每股价格＝可比企业平均市销率×目标企业每股销售收入

其中，市销率指标等于每股市价除以每股的销售收入（一般以主营业务收入代替），它能够告诉投资者每股收入能够支撑多少股价，或者说单位销售收入反映的股价水平。这一方法适应于销售成本率较低的服务类企业，或者销售成本率趋同的传统行业的企业。

因为市价比率一般是根据上市公司的数据得到的，而股权基金投资的目标企业一般都是非上市企业，非上市企业股票的流动性低于公开交易的股票，所以要将评估价值按照上市成本的比例减掉一部分。另外，非上市企业往往涉及控股权的评估。由于控股股东收益除了包括按股权比例分享的正常生产经营收益外，还包括仅控股股东才可能获取的控制权收益，因此当控股股东获取的控制权收益比重越大时，控股股东就越不会关心目标公司的生产经营管理。此时，就要对目标企业评估价格进行一定的折扣或溢价处理。

（二）投资策略设计

所谓投资策略设计，就是通过一系列投资手段或投资结构的设计，主要包括投资方式设计、金融工具设计、对赌条款设计、反摊薄条款设计、公司治理条款设计以及退出条款设计等，对投资需求进行风险及收益的合理配置。其宗旨就是最大限度降低股权基金的投资风险，同时使投资收益最大化。

1. 投资方式设计

股权基金投资方式主要有股权转让与增资扩股两种。股权转让是指公司原股东依法将自己全部或部分股权让渡给他人，使他人成为公司股东而公司注册资本不发生变化的民事法律行为。股权转让制度是现代公司制度最为成功的制度之一。股权转让价格并不等于注册资金或实际出资，是由双方（转让方、受让方）参照注册资金、实际出资、公司资产、未来盈利能力、无形资产等因素协商确定的，即重新估价，可以大于或小于注册资金、实际出资、公司净资产。由于股权投资的投资对象一般都是未上市的有限责任公司，因此，股权转让时一定要考虑其他原股东同等价格的有限购买权，即要取得其他原股东的同意。股权转让的意义主要在于改变股东结构。

增资扩股是指企业通过向社会募集股份、发行股票、新股东投资入股或原股东增资追加投资，从而增加企业注册资本金的民事法律行为。以增资扩股方式投资有限责任公司就是股权基金认购公司增加的股份，扩大公司注册资金。对于新进的资金，公司可以用于投资新项目或用于公司其他开支。所以，增资扩股的意义在于：公司筹集资金扩大经营规模、调整股东结构和持股比例、提高公司信用等。

2. 金融工具设计

股权基金金融工具主要有优先股与可转换债。为了使投资风险降到最低，股权基金通常会要求其投资形成的股权享有优先权，以最大限度地保障其投资及退出收益，如优先分红权和优先清算权。优先分红权指在公司宣告分派股息时，优先股股东有权优先取得投资额一定比例的股息。在优先股股东取得优先股息后，剩余股息又有如下两种分配方式：在取得优先股息后，优先股股东不再参与剩余股息分配；在取得优先股息后，优先股股东与普通股股东按股权比例分配剩余股息。此外，在公司的年度盈利足以分派约定的股息，或当年未宣告分派股息时，根据投资协议约定，优先股股东可以享有在日后对往年应付未付的股息如数补给的权利。优先分红权最大限度地保障了股权基金投资收益，大大降低了其投资风险。但是，需要指出的是，公司法规定股东应按照实缴的出资比例分取红利，但全体股东约定不按照出资比例分取红利的除外。因此，实践中法律仅允许股东对分红比例进行约定，而没有规定各股东间可约定分红的顺序。但是，上述法律限制是可以通过某种条款安排实现的。

优先清算权指在公司清算或结束业务时，优先股股东有权优先于普通股股东获得每股N倍于原始购买价格的回报以及宣布但尚未发放的股利。因为股权基金一般都是溢价投入，即投入多、持有股权少，所以在清算时，如果按持股比例清算，对股权基金不合理。如某公司注册资本100万元，股权基金投入200万元，获得该公司20%的股权。公司清算时剩余资产有400万元，那么如果投资人没有清算优先权，则只能分得80万元，但如果拥有该项权利，则投资人可优先收回投资回报200万元的N倍，再按照协议的有关规定参与剩余资产分配。在优先股股东取得优先清算回报后，剩余可分配财产又可以有如下三种分配方式：优先股股东取得优先清算回报后，剩余可分配财产再分配给普通股股东，优先股股东不参与分配；优先股股东取得优先清算回报后，剩余可分配财产由包括优先股股东在内的所有股东按照股权比例共同分配；优先股股东取得优先清算回报后，剩余可分配财产由包括优先股股东在内的所有股东按照股权比例共同分配，直至优先股股东获得总计为原始购买价 X 倍的价款，之后优先股股东无权再参与分配。在投资协议中约定股权基金享有优先清算权，能够保障股权基金最大限度地收回成本并分得收益。如果公司的可分配财产按全部股权比例分配的数额高于约定的优先清算回报，股权基金也可以选择将优先股转换成普通股，不行使优先清算权而直接与普通股股东按比例分配。

在清算程序中应当按照股东的出资比例进行分配，并没有赋予股东自行约定的自主权，属于强制性条款。故在投资协议中如果约定优先清算权，则难以得到公司法的支持与保护。在实践中，股权基金探索在投资协议或股东协议中明确以合同条款的方式通过仲裁达到优先清算的目的。合作企业期满或提前终止时，应当依照法定程序对资产和债权、债务进行清算，中外合作者应当依照合作企业合同的约定确定合作企业财产的归属。另外，合营企业清偿债务后的剩余财产按照合营各方的出资比例进行分配，但合营企业协议、合同、章程另有规定的除外。因此，优先清算权适用于中外合作以及中外合资企业。

优先股享有优先权是以放弃管理权为代价的，虽然股权基金一般不参与项目公司的日常经营管理，但希望对企业重大事项具有话语权，如进入董事会，即使以优先股身份进入了董事会，其权力也会受到约束。所以，在股权投资实践中，股权基金一般会选择可转换优先股，即在一定条件下可以以相应的比例换成普通股，并享有对应的权利与义务。

可转换优先股条款指双方约定股权基金可以在一定时期内按一定比例或价格将优先股转换成一定数量的该公司普通股。假如公司盈利能力好，持有者可以转换成普通股，假如公司盈利能力不好，则优先股股东有权利在普通股股东之前把投入的钱收回来。

可转换优先股条款通常应包含如下内容：

一是可转换优先股的转换价格、转换比例。

二是优先股自动转换的条件。例如，约定当企业首次公开发行时，可转换优先股就自动转换为普通股，附带的限制性条款也随之消除；或是在被投资企业达到一定业绩要求后，也可以自动转换。

三是附带的限制性条款。虽然优先股股东通常没有表决权，但股权基金通常以可转换优先股的形式要求表决权，以求尽量控制企业董事会。这一机制可以为增减创业企业家的报酬、分发红利、调整优先股可转换比例等补救措施提供有效的保证。例如，一基金以可转换优先股方式投资一公司 200 万元，双方在条款中约定该优先股一年后可获得股息，并按以下两种计算方法中金额较高的一种计算：第一，年利率为 8% 的非累积的股息；第二，以 1∶1 转换普通股后的分红额。

可转换债条款指双方约定股权基金在一定时间内有权依约定的条件将持有的债转换为普通股权或优先股权，即可以选择持有债务到期，要求公司还本付息；也可选择在约定的时间内转换成股权，享受股利分配或资本增值。

可转换债具有"三性"，即债权性、权益性以及期权性。所谓债权性，即与其他债务一样，可转换债也有规定的利率和期限，投资者可以选择持有债务到期收取本息。所谓权益性，即可转换债在转换成股权之前是纯粹的债务，但在转换成股权之后，投资人就由债权人变成了公司的股东，可参与企业的经营决策和红利分配，这也在一定程度上会影响公司的股本结构。所谓期权性，即可转换性是可转换债的重要标志，债券持有人可以按约定的条件将债权转换成股权。期权性即约定债权人可按照投资时约定的价格将债权转换成公司的股权，如果债权人不想转换，则可以继续保持债权，直到偿还期满时收取本金和利息；如果持有人看好公司增值潜力，到期后可以行使转换权，按照预定转换价格将债权转换成为股权。正因为具有可转换性，可转换债利率一般低于普通债务利率。可转换债一方面可以降低融资方的融资成本，另一方面可以降低投资人的投资风险。可转换债是投资人享有的、一般债权人所没有的选择权。

可转换债与可转换优先股有本质的区别。前者是债券，固定所得是债息，破产清算时优先于任何股东受偿。后者是股票，固定所得是股票红利，其价格随着公司权益价值的增加而增加，并随着红利派现而下跌，且破产清算时对企业财产的索偿权劣于债权人。

但可转换债在我国目前的司法体系中会遇到法律障碍。首先我国禁止企业之间的借贷行为。根据我国相关法律法规和规范性文件的规定，借贷作为一种金融业务，只能由正规的银行金融机构从事，而非银行金融机构的一般企业是不可以对外发放贷款并收取利息的。另外，我国目前的公司股权登记管理办法尚没有规定债权可以直接转变为股权，即债转股没有法律依据。但国有企业改制以及银行债权可以作为一种特许实施债转股。

3. 对赌条款设计

对赌是指投资方与融资方在达成投资协议时，对未来不确定的情况进行约定：如果约定的条件出现，投资方可以行使某种权利；如果约定的条件不出现，融资方则行使某种权利。通常目标企业未来的业绩与上市时间是对赌的主要内容，与此相对应的对赌条款主要是估值调整条款。企业估值主要依据企业现时的经营业绩以及对未来经营业绩的预测，因此这种估值存在一定的风险。为保证其投资物有所值，股权基金通常在投资协议中约定估值调整条款，即如果企业实际经营业绩低于预测的经营业绩，投资者会要求企业给予更多股份，以补偿股权基金由于企业的实际价值降低所受的损失；相反，如果企业实际经营业绩高于预测的经营业绩，投资者会拿出相同股份奖励企业家。与估值调整条款类似的还有业绩补偿条款，指目标企业或原有股东与股权基金就未来一段时间内目标企业的经营业绩进行约定，如目标企业未实现约定的业绩，则需按一定标准与方式对股权基金进行补偿。这是单方面的约束，在实践中用得比较少。

4. 反摊薄条款设计

反摊薄条款是一种用来保证原始股权利益的约定，也即后来投资人的等额投资所拥有的权益不能超过这些原始股权基金。约定反摊薄条款的目的是确保股权基金的股权数量或股权比例不会因新股发行或新的投资人加入而减少，从而也保证原始股权基金投资人对被投资企业的控制力不被稀释。

反摊薄条款可以归为两大类。第一类是结构型反摊薄条款，即反对股权比例被摊薄的条款。当企业增资扩股时，应当无偿地或按照双方认可的价格给予股权基金相应的股份，保证其股权比例不变。第二类是价格型反摊薄条款，即反对股权价值被摊薄的条款。如在双方约定的时间、条件下出现了事先约定的事项，原始股权基金所持股权的比例必须减少时，必须通过相关的附加条件，防止股权价值被稀释，如棘轮条款和加权平均调整条款。所谓棘轮条款，就是当被投资的企业在低价出售给后续投资者时，必须无偿给予原始股权基金股份，直到其每股平均价格下降至扩股后新股的价格水平。相较于棘轮条款，加权平均调整条款是较为温和的反摊薄方式，该条款规定调整后的转换价格应是初始转换价格和新增发行价格的加权平均值，它考虑在摊薄融资中发行新股的数量的基础上降低原有的可转换价格。

5. 公司治理条款设计

公司治理条款是股权投资中不可或缺的协议条款内容，反映出股权基金虽然通常作为公司小股东存在，但既可以通过各种投资工具和对赌协议保护资金的安全，也可以力争进入董事会从而影响公司的发展方向。公司治理条款设计主要有公司控制权条款设计和管理层肯定性、否定性条款设计。

公司控制权条款设计一方面是争取获得董事席位或者监事以及高管席位，另一方面，如果股权基金以优先股身份进入董事会，尽可能争取董事会中更多的表决权利。

管理层的肯定性和否定性条款就是要求被投资企业的管理层进行某些承诺或约定，其中肯定性条款就是指被投资企业管理层在投资期内应该从事哪些行为的约定。例如，定期提交经营管理纪录；定期提交财务报表，包括资产负债表、损益表和现金流量表，按月度、季度和年度呈报，年度报告应经注册会计师审核；提供年度预算，提交董事会和投资人批准；按公认的会计标准保持会计系统；确保按用途使用投资人的资金；保证必须在不同时期达到一定的盈利目标；维持一定的流动资金、净资产和流动比例；确保企业资产持续存在和保持良好的状态；承担债务偿付与税款支付责任；遵守法律法规与规章；随时报告运营过程中的重大事件，包括相关诉讼、违约及其他可能对创业企业造成不利影响的任何事件。而否定性条款是指被投资企业管理层不能在投资期内从事哪些行为的约定。如禁止变更公司的控制权；禁止管理人员向第三者转让股份；禁止改变公司主营业务；禁止从事与主营业务无关的投资活动；禁止未经许可的增资扩股行为；禁止未经许可的并购活动；禁止未经许可与其董事会成员、管理人员或职员以及有利害关系的个人进行任何商业交易；禁止未经许可擅自改变营业场所；禁止出售追加的普通股、可转换债券或优先股等。

6. 退出条款设计

股权基金可能通过多种渠道退出，如回购与转让。当项目公司无法上市或并购退出时，为了保障顺利退出，在设计投资策略时就要考虑退出条款设计，如公司回购条款、原股东回购以及共同出售条款等。

公司回购条款就是约定一定条件下公司按照合理的价格回购股权基金持有的该公司股权，同时公司注册资金减少。不存在"禁止回购自身股权"的规定，因此，股权基金与公司之间约定股权回购并不违法。但对股份有限公司"原则禁止，例外允许"。股权投资设置股权回购条款，其作用在于：首先，股权回购所设定的条件，如企业经营年复合增长率不低于25%、企业在未来三年内完成上市等，客观上督促或激励企业的现有股东采取各种措施实现其在投资者投资时所做出的承诺；其次，股权回购能够保障股权基金在被投资公司或管理团队等未实现经营承诺或其他设定条件的情况下，选择回购退出被投资企业。

原股东回购条款也是股权基金用于降低投资风险的一种投资策略，但不同于股权回购。因为原股东回购只是老股东与股权基金之间的有条件股权交易，不涉及公司注册资金变动，因而法律风险相对较低。在实际操作过程中，一般都是创业企业控股股东实行回购，但回购成功率较小，因为创业企业控股股东一般缺乏资金实力，而且当真正需要落实回购条款时，说明该企业的发展没有达到预期目标，原股东自身也会对公司未来缺乏信心。

共同出售条款就是约定在被投资企业上市之前，如果原有股东向第三方转让股份，股权基金有权按照原股东与第三方达成的股权转让价格和数量参与到这项交易中，共同转让股权而实现退出。

六、项目谈判

投资方案设计结束即"投资框架协议"撰写完毕后，下一步就是与拟投企业进行谈判。因为"投资框架协议"中的许多内容将写进"投资协议书"中，形成双方的权利与义务；所以，项目谈判的工作重点就是落实投资方案，其核心是股权价格确认。因此，项目谈判过程是投融资双方就企业价值达成共识的过程。

（一）项目谈判主要内容

项目谈判的关键议题有投资定位、投资方式、企业估值、股权比例、经营管理权以及违约责任等。

1. 投资定位

首先，股权基金通常不介入项目公司的日常经营，但为了帮助企业更好发展，会以一定的方式参与企业的主营业务、商务模式以及上市架构等重大事宜的商讨，并在投资协议中进行框架性的明确。其次，股权基金投资后不影响项目公司股份制改制时连续计算经营时间（业绩），即主营业务不发生重大变化、高管（董事、高级管理人员）不发生重大变化以及实际控制人不发生变更等。

2. 投资方式

常见的股权投资方式包括股权转让和增资扩股。股权转让实际上是实现了老股东的股权套现，企业并未获得发展所需要的资金，因此在多数情况下，股权基金会选择增资扩股的方式，但老股东往往希望套现部分股权。

3. 交易结构

为了控制投资风险，股权基金会提出一些附带条件的投资条款，如对赌条款、优先股以及可转换债等。这些投资条款会对企业方增加一些压力和风险。

4. 价格评估

估值方法有很多种，但股权价格评估没有统一的方法，而且不同的企业适用的具体方式也不同。股权价格直接影响双方的利益，双方期望值各不相同，所以，价格评估是项目谈判中最艰难的议题。

5. 股权比例

股权基金持股比例也是双方谈判的焦点之一。如果股权基金持股比例大，一是影响老股东利益，二是影响实际控制人对公司的控制权，包括未来上市后的控制权地位。但企业方希望尽可能融更多的钱而出让更少的股份，而股权基金希望持股达到一定比例后对企业重大事项具有话语权。

6. 经营管理权

掌握一定的控制权，尤其是对重大事项的否决权，对于保护股权基金的利益来说是至关重要的。通常，股权基金会要求获得董事会席位，并修改公司章程，将其认为的重大事项列入需要董事会特别决议的事项中去，以确保投资者对企业的发展方向具有有力的掌控。通常股权基金不会对企业的日常运营进行干涉，之所以要求对企业的重大事项具有话语权，一方面是防止企业做出抽逃资金等违背投资协议的事情，另一方面是为了贯彻企业的长期发展战略，使企业能够始终在健康发展的轨道上运行。

7. 违约责任

违约责任是投资者和融资企业需要在协议中详细明确的事项。例如，未能如期上市、上市价格低于预期、业绩没有达标等与承诺不符的事项是否属于违约。企业和股权基金之间最好能够事先协商清楚，并对违约后的责任问题进行约定。盈利保证是股权基金给企业带上的一个"紧箍咒"，没有这个"紧箍咒"，企业发展战略（如上市计划）很可能无法实现，股权基金也无法得到相应的回报。股权基金还可以与企业之间形成激励机制，当企业业绩达到一定程度，或上市后股权基金的回报超过一定比例时，股权基金会给予企业家现金奖励等。

（二）项目谈判业务

项目谈判业务一般由股权基金的合伙人负责，整个谈判主要围绕"投资框架协议"的主要合同条款进行。"投资框架协议"仅供谈判之用，不构成投资人与项目公司之间具有法律约束力的协议，但"保密条款""排他性条款"和"管理费用"具有法律约束力。项目谈判结束后，项目组就要依据双方达成的协议撰写"投资协议书"拟签版，作为投资决策委员会决策的主要文件。

项目谈判有可能循环进行，即投资决策委员会在表决时有可能修改"投资协议书"部分条款，需要与项目公司进行进一步谈判，循环往复，形成最终版"投资协议书"。

七、项目决策

谈判结束不代表基金决定投资，还需基金的决策机构进行决策后才能决定是否投资该项目。

（一）决策依据

项目决策的依据有"商业计划书""立项报告""尽调报告""投资建议书"（或"投资框架协议"）以及拟签版"投资协议书"，其中"投资协议书"是最主要的决策依据。如果股权基金设有顾问委员会和风险投资委员会，这两个机构还应分别出具"投资顾问建议书"以及"风险控制建议书"，作为决策依据。

（二）决策机构

股权投资基金的决策组织一般为投资决策委员会，属于基金的非常设决策机构，主要对基金的对外投资实施决策。因为是非常设机构，所以基金投资人主要通过"发起人协议""合伙协议"或"公司章程"以及"委托管理协议"中的相关条款赋予其决策权。

股权基金采取投委会决策机制主要是体现决策民主化与专业化相结合。所以，投委会主要由基金管理人（普通合伙人）或其委派人员组成，代表该基金最高的专业投资水平。从组成人员的专业知识结构来看，主要包括股权投资专家、行业技术专家、法务专家、财务专家以及企业管理专家等。

投委会在进行决策时，往往会参考基金内部其他机构的意见，如基金顾问委员会以及基金风险控制委员会出具的专业意见。

（三）表决机制

所谓表决机制，就是投委会决策投资项目时的通过机制。通过机制有多种，如全票通过机制、多数通过机制、半数通过机制以及一票否决制等。

采用何种表决机制，不同基金类型不一样，如投资早期项目的创业投资基金以及天使投资基金，一般采用半数通过机制，因为可以提高决策效率；而投资后期项目的股权基金，一般采用全票通过或多数通过机制，主要是降低投资风险。另外，不同基金因其投委会成员组成不同而影响其表决机制，如投委会组成人员的专业投资水平相当时一般会采取全票或多数通过机制；如果投委会成员专业水平相差较大，有可能采取一票否决制。

八、签订协议

投委会决策通过后表明基金内部对投资该项目形成了统一，但还不具备投资的法律效应。

（一）签订协议的意义

股权基金投资项目就是一种法律行为，需要投融资双方自愿、公平签订"投资协议书"，从而从法律层面保障双方的权利与义务。"投资协议书"一旦签订，双方必须严格履行各项条款，一旦违约需要承担相应的法律责任。

（二）"投资协议书"主要条款

"投资协议书"主要包括股权购买的比例及对价条款、购股款支付方式和期限条款、未分配利润归属条款、资金用途条款、新股东地位及股东权利条款、组织机构变动条款、退出条款、声明和保证条款、违约责任条款等。

第三节　投后管理

一、投后管理的定义及宗旨

所谓投后管理，是指股权基金与被投企业正式签订投资协议，投资资金正式进入被投企业并获得相应股权后一直到股权基金全部退出被投企业为止的这段时间里，股权基金以各种方式对被投企业进行监管，同时为被投企业提供各种增值服务。投后管理是整个股权投资业务中时间跨度最长的环节，简单来说，持股时间就是投后管理时间，可以长达数年。随着股权投资的发展，投后管理的内容越来越丰富，投后管理模式也趋于专职化。

风险防范和增值服务是投后管理的两个主要宗旨，但在实践中，前者更受股权基金重视。股权投资的对象主要是高新技术产业，股权基金不仅要承担技术开发和市场开拓的商业风险，而且要承担代理风险与信息不对称风险。由于商业风险无法完全预测，股权基金只能随着被投企业经营过程中出现的状况来调节他们的后续管理水平。在委托代理模式下，被投企业与股权基金之间的信息不对称不仅存在于签约投资前的项目评估阶段，也存在于后续投资阶段。签约前的信息不对称导致的主要问题是逆向选择，投资后信息不对称导致的主要问题是道德风险。因此，代理的风险越高，股权基金进行投后管理的程度就越大。股权基金通过投后管理识别代理风险，加强被投企业资金监管，增加与管理团队的沟通机会，从而防范风险。

股权基金作为财务性投资，其投资收益直接取决于被投企业价值增值的幅度。但被投企业的优势在于实体经济领域，而通过实体经济获得的收益远不能满足股权基金的投资收益预期。由于股权基金的优势在于资本运营，所以股权基金可以充分利用自身资本市场优势，帮助被投企业快速进入资本市场，从而获得更多投资收益。另外，股权基金除具有雄厚的资本外，还具有资源优势，可以在人力资源、市场开拓以及研发等方面为企业提供一系列增值服务。

二、投后管理的原则

投后管理应坚持风控为主、服务为辅，被动为主、主动为辅，共性为主、个性为辅的原则。所谓风控为主、服务为辅，即股权基金的首要任务是通过委派董、监、高（董事、监事、高管）等手段监控被投企业，然后通过资源对接、后续融资支持、具体辅导等手段为被投企业提供增值服务。所谓被动为主、主动为辅，即股权基金从事投后管理时，以投

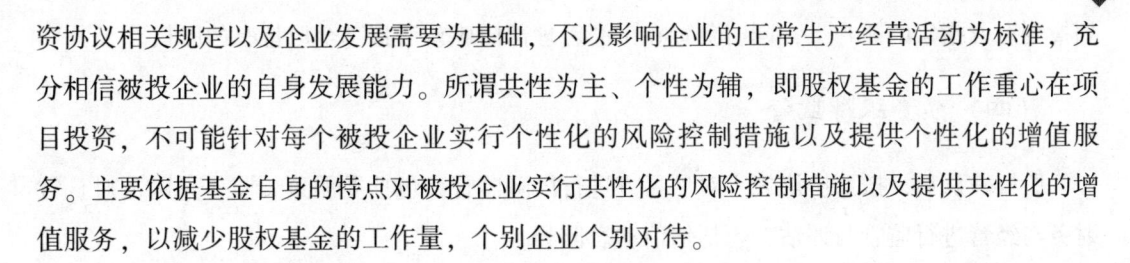

资协议相关规定以及企业发展需要为基础，不以影响企业的正常生产经营活动为标准，充分相信被投企业的自身发展能力。所谓共性为主、个性为辅，即股权基金的工作重心在项目投资，不可能针对每个被投企业实行个性化的风险控制措施以及提供个性化的增值服务。主要依据基金自身的特点对被投企业实行共性化的风险控制措施以及提供共性化的增值服务，以减少股权基金的工作量，个别企业个别对待。

三、投后管理的困难

股权基金对投后管理重视程度不够，一方面是由于股权基金的工作重点是项目投资，另一方面是由于投后管理存在一定困难。投后管理存在的困难主要表现在以下四个方面。一是投后管理对基金内部人才储备有更高的要求，如相关人员需要具备丰富的实践经验才能为企业提供增值服务；二是投后管理容易与被投企业产生对立关系，因为风险监控是投后管理过程中的主要工作，一般不受企业欢迎；三是投后管理增加基金的管理成本，因为投后管理需要增加股权基金的人力资源与办公费用开支，但带来的直接经济效果不明显；四是由于股权基金一般是小股东，对被投企业的控制权很弱，对被投企业在日常经营管理中出现的问题只能提出解决问题的建议，所以投后管理难以取得理想效果。

四、投后管理

投后管理从字面上容易理解为业务从基金投资后开始。但投后管理的大部分工作属于风险监控，由于风险的连贯性，投后风险监控从尽职调查开始就已经启动。所以，投后管理业务流程从投资阶段的尽职调查开始一直到基金退出。

（一）参与尽职调查

尽职调查是股权基金全面了解项目方的唯一途径，这也是未来投后管理工作的基础。由于分工原因，投后管理团队只是参与尽职调查工作，不对尽职调查发表意见或建议。

（二）参与协议签订

所谓参与协议签订，就是投后管理团队参与《投资协议书》的起草，从而深入了解投资协议赋予股权基金的权利以及项目方应承担的义务，以确保未来投后管理工作顺利进行。

（三）负责基金份额（股权）确认

投资协议签订后，投后管理团队应负责投资资金按照协议要求准时、足额从托管银行划拨到对方指定的账户上，同时负责在工商管理部门确认股权基金应持有的股权。

（四）负责跟踪监管

股权确认后，按照协议规定对项目方进行风险监管，包括委派董、监、高以及对日常财务与经营进行监管与评估，包括估值动态监测。

（五）提供增值服务

依据投后管理原则，为项目提供共性及个性化的增值服务，包括价值挖掘。

（六）提出退出方案

根据项目方运营业绩情况以及股权自身投资情况（如基金存续期），及时提出退出方案。

（七）负责资金回笼

股权基金实施退出后，投后管理团队负责退出资金足额、准时划拨到托管银行，确保资金安全。

五、如何参与日常管理

管理层是企业战略的真正执行者，企业运营能否达到预期目标，很大程度上依赖于管理层的执行和管理能力，因此，越来越多的股权投资机构为了资本的保值增值，已不再仅仅满足于董事会中的一个席位，而是要真正介入被投资企业的管理层，参与企业日常的管理经营活动。

一般情况下，股权投资方会在被投资企业的财务、人力及销售等关键职能部门安排管理人员，以保证被投资企业的营运情况真实地被股权投资方所掌握。当然，股权投资方在什么情况下选择参与被投资企业管理层要根据被投资企业所处的成长阶段及风险投资自身的能力情况而定。

在被投资企业生命周期的初始阶段（种子期或创业期），由于此时信息不对称情况最为严重，因此股权投资方与被投资企业管理者之间的交流会非常频繁。尤其是当创业者没有经验时，更应该和风险投资机构进行主动的沟通，而股权投资方也会积极派遣专业管理人员对企业进行监管，此时股权投资方一般会选择参与被投资企业的管理层。

而如果投资于企业的发展阶段，此时企业管理层已基本建立，各项经营活动已步入正轨。股权投资方更应该注重对被投资企业在战略制定等方面的决策性参与和监督，而对企业的日常管理仅进行定期的检查即可。因此，这时股权投资方主要以参与董事会为主，如果有精力和能力，也可适当地考虑参与被投资企业的管理层。但应注意的是，此时被投资企业管理层已经建立，股权投资方派遣的人员能否与原有管理层处理好关系对项目的成功与否至关重要，如果双方产生摩擦，那会对整个投资项目非常不利。

六、中美在投后管理的差异

好的股权投资是耐心的资本，完成一项交易只是所有工作的开始，要以实业家的心态去进行投资。

（一）美国股权投资介入途径

首先，美国股权投资在董事会中的作用是巨大的。据学者统计，在美国，如果企业经营出现危机，股权投资机构会平均增加1.75个董事会成员，以对被投资企业进行更多的监督。

其次，美国股权投资在参与管理层时注重人事的安排，特别看重对CEO的任免。美国有股权投资支持的企业，在业绩不良的公司中有74%的总经理被至少更换一次，在业绩尚可的公司中，也有40%的总经理被至少更换一次。随着中小企业的发展，原始创业者在管理方面的经验就显得不足，无法把握迅速发展的企业，许多转为副总裁或部门经理，而由股权投资机构任命新的总经理。据统计，在被投资企业成立后的前20个月中，由最初创业者之外的人担任公司总裁的比例为10%，到了第40个月，这个比例上升为40%，到了第80个月，所有统计的被投资企业中有80%的CEO已不是当初的创业者，而是由股权投资机构任命的专业管理人员。

（二）中国股权投资介入途径

在股权投资参与中小企业公司治理的途径方面，据调查，在有股权投资背景的企业中，在被投资企业董事会中拥有席位的占到近80%。说明我国多数股权投资机构还是积极参与被投资企业监管的，而对被投资企业不进行监管的股权投资多数为地方政府组建的机构，其投资可能带有"天使基金"的性质。但从董事会席位的数量来看，绝大多数股权投资机构都是仅在被投资企业董事会中占有一个席位，而且在投资后基本只是对派遣的董事人员进行变更，而席位数量一般没有变化。这不同于美国根据被投资企业的经营状况进行董事席位变化，从这一点也可看出，我国股权投资对被投资企业的监管可能往往是"形式"上的而非"实质"上的。

通过调查，在有股权投资背景的企业中，股权投资介入管理层的大概27%。与美国相比，目前我国股权投资选择真正参与被投资企业日常经营管理的并不多。产生这个现象的原因是多方面的。一方面，股权投资机构多数选择对被投资企业进行战略型的管理，不愿过多参与日常经营，很大一部分原因是出于对成本的考虑。另一方面，必须正视的是目前我国部分股权投资机构的专业化能力不强，很多时候不参与被投资企业的管理不是"不想"而是"不能"，股权投资缺乏相关的管理经验，或没有相关行业的供销网络，都使得股权投资机构没有能力参与到被投资企业的管理层，发挥风险投资的监管作用。

七、投后管理模式的选择

专业的投后管理必成趋势。在操作过程中，根据项目特点，投资方可以报据实际情况选择不同的管理模式。

（一）"投资团队"负责制

目前由投资团队负责的增值服务模式是我国增值服务的主要操作方式。在这一模式中，投资项目负责人负责项目的开发、筛选、调查和投资，同时也负责投资完成后对被投企业的管理工作。这一类投后管理的模式主要适用于投资项目总量比较少的机构。

活跃于中国境内的股权投资机构有近七成为投资团队负责的增值服务模式。这一策略的优势在于项目负责人从项目初期开始接触企业，对企业情况更为了解，能够为企业做出更有针对性的咨询和建议。劣势则在于，投资经理需要将精力分散到众多流程中，无法集中精力进行项目甄选。

（二）"投后团队"负责制

随着机构投资项目的增多，项目经理项目管理难度加大，近几年也有部分机构将投后管理这一职责独立出来，由专门人员负责，而投资团队更专注于项目开发。

专业化的投后管理团队的建立是股权投资发展到一定阶段、拥有足够的投资个数、进行专业化分工的客观需要。规模化运作的股权投资基金中，在出资人关系管理、被投项目增值服务、项目退出路径选择与设计及相关中介机构协调等层面的事务越来越多，凭借项目经理的个人力量已经难以兼顾，建立专职的投后管理团队进行专业化操作成为现实的需要。

专职投后管理团队负责增值服务的优势在于投资项目负责人可以逐步淡出企业的后期培育工作，将更多的精力投入潜力项目的挖掘开发中。劣势则在于项目在投后环节更换负责人，加大了被投企业与投资机构的磨合成本。

（三）"投资团队+投后团队"负责制

专门组建服务团队虽然可以完善服务体系、严密监控风险企业的发展动态、加大力度提供更好的增值服务，但仍需要一段时间与被投企业进行磨合，存在一定的弊端。

近年来，在前两种模式的基础上，国内逐渐产生两个团队共同服务的模式。一方面投资团队付出一定精力调动资源，另一方面具体项目的投后服务和管理方面的工作，共同帮助企业壮大。采用"投资+投后团队"的模式，为企业提供的增值服务具有系统性和针对性的特点，对被投企业的帮助最大。

第四节　基金退出

一、IPO 退出

IPO（Initial Public Offerings）即首次公开募股，指一家企业第一次将它的股份向公众出售。一般来说，一旦首次公开上市完成后，这家公司就可以申请到证券交易所或报价系统挂牌交易。IPO 退出就是项目公司 IPO 上市后，股权基金在二级市场出售该公司股票实现退出。

IPO 的意义在于从非公众公司转变为公众公司。所谓公众公司，就是股权可设计为金融工具即股票成为公共股权，并在证券场内市场（二级市场）进行买卖即上市，其股权价格由股票价格代替。此时股票价格除受企业价值影响外，还受股票市场交易行情影响，即投机因素在很大程度上影响股票价格。所以，企业一旦 IPO，由于受市场交易活跃的影响，股权价格或股票价格一般会远远高于企业价值。这是企业愿意 IPO 的主要原因之一，也是股权基金愿意 IPO 退出的主要原因。

（一）IPO 制度

IPO 制度即发行制度，不同国家有不同的发行制度，如注册制、审核制及行政审批制。

1. 美国注册制

资本市场发达的国家一般实行注册制，如美国。所谓注册制，就是监管部门仅对拟上市企业进行合规性审查，即仅审查是否符合相关规定。

美国《证券法》规定，任何人不得销售任何证券，除非有关该证券的注册说明书已

"有效"。IPO公开招股书主要包括：封皮、招股书简介、风险因素、资金用途、股价摊薄表、管理层关于财务状况及运营结果的讨论与分析、业务描述、管理层成员介绍及其收入、关联方交易、主要股东及管理层持股表、股票分销计划以及审计报告；第二部分是一些不需要包括在公开招股书中的信息。任何人都可通过美国证监会公共阅览室或美国证监会的EDGAR系统得到该信息。这一部分主要包括发行及分销费用详细列表、有关董事及高管法律责任的任何补偿安排、发行企业的任何近期未注册的证券销售以及一些美国证监会要求发行企业因公开招股所应做出的承诺。另外，第二部分还要求进行IPO的企业随注册说明书通过EDGAR系统向美国证监会提交若干附件文件，包括承销协议、公司章程、有关股票合法性的法律意见书、所有重大合约（包括企业运营的重大合约，例如，重要的购销合约、授权合约、租约，以及任何董事、管理层成员和重要股东所签署的合约）。

除此之外，IPO注册说明书还必须提供任何其他使得现有披露信息完整及不具误导性的信息，以及任何其他对于投资者购买股票而言意义重大的信息。

IPO注册说明书（包括任何要求披露的附件）必须以电子文本的方式通过EDGAR系统提交给美国证监会，同时按拟发行证券的估计价值缴付注册费。

美国证监会的审查只关注注册说明书及公开招股书是否完全遵守了信息披露要求，而不审查该项招股的实质，即不判断该项投资是否是一个好的投资，例如，进行IPO的企业是否面临任何实质性问题或重大风险。只要美国证监会认为注册说明书及公开招股书按要求披露了所有对于投资者投资该企业而言的重大信息，而无任何重大错误或遗漏，美国证监会就可以宣布该注册说明书有效；即使一个企业有种种重大问题，对于投资者来说充满风险，只要其注册说明书及公开招股书完整准确地披露了这些问题及风险，美国证监会不会否决该企业的IPO。

2. 我国审核制

我国IPO制度形成于计划经济向市场经济的转变期间，由最初的行政审批制改为目前的审核制，现在正朝着注册制方向改革。所谓审核制，就是监管部门不仅要对拟上市企业进行合规性审查，而且要进行实质性审查，即需要审查拟上市企业是否是一个具有投资价值的企业，如对同业竞争、关联交易以及持续盈利能力进行实质性判断。审核制的另外一个特点就是引入保荐人制度，即拟上市企业需要由保荐人推荐。保荐人的主要职责就是将符合条件的企业推荐上市，并对申请人适合上市与否、上市文件的准确完整性以及董事知悉自身责任义务等负有保证责任。尽管联交所建议发行人上市后至少一年内维持保荐人对他的服务，但保荐人的责任原则上随着股票上市而终止。

IPO发行审核要求发行人具有独立性、规范运行良好、符合主体资格、财务会计符合规定、资产运行良好、募集资金投向明确等。而且主板与创业板稍有不同，前者侧重企业的营利性，而后者侧重企业的发展性。

独立性要求包括：

（1）资产独立

生产型企业应当具备与生产经营有关的生产系统、辅助生产系统和配套设施，合法拥有与生产经营有关的土地、厂房、机器设备以及商标、专利、非专利技术的所有权或者使用权，具有独立的原材料采购和产品销售系统；非生产型企业应当具备与经营有关的业务体系及相关资产。

（2）人员独立

发行人的总经理、副总经理、财务负责人和董事会秘书等高级管理人员不得在控股股东、实际控制人及其控制的其他企业中担任除董事、监事以外的其他职务，不得在控股股东、实际控制人及其控制的其他企业领薪；发行人的财务人员不得在控股股东、实际控制人及其控制的其他企业中兼职。

（3）财务独立

发行人应当建立独立的财务核算体系，能够独立做出财务决策，具有规范的财务会计制度和对分公司、子公司的财务管理制度；发行人不得与控股股东、实际控制人及其控制的其他企业共用银行账户。

（4）机构独立

发行人应当建立健全内部经营管理机构，独立行使经营管理职权，与控股股东、实际控制人及其控制的其他企业间不得有机构混同的情形。

（5）业务独立

发行人的业务应当独立于控股股东、实际控制人及其控制的其他企业，与控股股东、实际控制人及其控制的其他企业间不得有同业竞争或者显失公平的关联交易。

规范运行要求包括：

一是股份公司需建立股东大会、董事会、监事会、独立董事、董事会秘书制度，相关机构和人员能够依法履行职责。

二是股份公司的内部控制制度健全且被有效执行，能够合理保证财务报告的可靠性、生产经营的合法性、营运的效率与效果。

三是上市公司与控股股东在人员、财务、机构、业务、资产上完全分开。

四是公司董事、高管需具备相应的任职资格，并了解与股票发行上市有关的法律法规，知悉上市公司及其董事、监事、高管的法定义务和责任。

五是最近3年不得有重大违法行为。

六是发行上市前不得有违规担保和资金占用。

主体资格要求包括：

一是发行人应当是依法设立且合法存续的股份公司。

二是发行人为有限责任公司整体变更为股份公司的，持续时间可从有限责任公司成立之日起计算满3年。

三是发行人最近3年内主营业务和董事、高级管理人员没有发生重大变化，实际控制人没有发生变更。

四是发行人的注册资本已足额缴纳，发起人或者股东用作出资资产的财产权转移手续已办理完毕，发行人的主要资产不存在重大权属纠纷。

五是发行人的生产经营符合法律、行政法规和公司章程的规定，符合国家产业政策。

六是发行人的股权清晰，控股股东和受控股股东、实际控制人支配的股东持有的发行人股份不存在重大权属纠纷。

财务会计要求包括：

一是发行人的资产质量良好，资产负债结构合理，盈利能力较强，现金流量正常。

二是最近3个会计年度净利润均为正数且累计超过人民币3000万元，净利润以扣除非经常性损益之后较低者为计算依据。

三是最近3个会计年度经营活动产生的现金流量净额累计超过人民币5000万元；或者最近3个会计年度营业收入累计超过人民币3亿元。

四是发行前股本总额不少于人民币3000万元。

五是最近一期末无形资产（扣除土地使用权、水面养殖权和采矿权等后）占净资产的比例不高于20%。

六是最近一期末不存在未弥补亏损。

七是发行人不得有影响持续经营能力的情形。

募集资金投向要求包括：

一是符合公司发展战略需要，应当有明确的使用方向，原则上应当用于主营业务。

二是募集资金投资项目实施后，不会与控股股东及下属单位产生同业竞争。

三是募集资金最好不要用于收购控股股东及下属单位的资产或股权。

四是募集资金数额和投资项目应当与发行人现有的生产经营规模、财务状况、技术水平和管理能力相适应。

五是募集资金投资项目应当符合国家产业政策、投资管理、环境保护、土地管理以及其他法律法规和规章的规定。

六是募集资金大规模增加固定资产投资的，应充分说明固定资产变化与产能变动的关系，并充分披露新增固定资产折旧对发行人未来经营成果的影响。

信息披露要求包括：

（1）书面披露

内容包括招股说明书等申报材料、回复反馈意见材料、中介机构申报材料等。

（2）口头披露

包括预审员与公司的沟通、发审会与公司的表现等。口头沟通主要靠公司，保荐机构起到协助作用。

以上是主板的发行基本条件，创业板与其主要不同之处表现在财务指标上，要求如下：

一是最近2年连续盈利，最近2年净利润累计不少于1000万元，且持续增长；或者最近1年盈利，且净利润不少于500万元，最近1年营业收入不少于5000万元，最近2年营业收入增长率均不低于30%。净利润以扣除非经常性损益前后孰低者为计算依据。

二是最近一期末净资产不少于2000万元，且不存在未弥补亏损。

三是发行后股本总额不少于3000万元。

（二）IPO流程

我国IPO流程大致分三个阶段。第一阶段为企业改制以及辅导阶段，即企业具备发行上市的基本条件；第二阶段为申报及审核阶段，即企业申报后证监会对提交的材料进行合规性审核以及实质性审核；第三阶段为发行及上市阶段，即获得核准后向交易所申请上市并挂牌交易。

（三）IPO模式

与一般企业相比，上市公司最大的优势是能在证券市场上大规模筹集资金，以此促进公司规模的快速增长。上市公司的上市资格成为一种"稀有资源"，因此，企业除直接IPO上市外，还可以通过借壳、买壳以及红筹等模式实现国内外资本市场上市。所谓"壳"就是指上市公司的上市资格。由于有些上市公司机制转换不彻底，不善于经营管理，其业绩表现不尽如人意，丧失了在证券市场进一步筹集资金的能力，要充分利用上市公司的这个"壳"资源，就必须对其进行资产重组。买壳上市和借壳上市就是更充分地利用上市资源的两种资产重组形式。

1. 借壳上市模式

借壳上市是指上市公司的母公司（集团公司）通过将主要资产注入上市的子公司，来实现母公司的上市。借壳上市的典型案例之一是强生集团的"母"借"子"壳。强生集团由上海出租汽车公司改制而成，拥有较大的优质资产和投资项目。强生集团充分利用控股的上市子公司——浦东强生的"壳"资源，通过三次配股集资，先后将集团下属的第二和第五分公司注入浦东强生，从而完成了集团借壳上市的目的。借壳上市一般都涉及大宗的关联交易，为了保护中小投资者的利益，这些关联交易的信息都需要根据有关的监管要求，充分、准确、及时地予以公开披露。

2. 买壳上市模式

所谓买壳上市，就是一家优势企业通过收购债权、控股、直接出资、购买股票等收购手段以取得被收购方（上市公司）的所有权、经营权及上市地位。收购股权通常有两种方式：一是场外收购或称非流通股协议转让，如收购未上市流通的国有股或法人股。这种收购方式的成本较低，但是困难较大，要同时得到股权的原持有人和主管部门的同意。另一种方式是在二级市场上直接购买上市公司的股票。这种方式的收购成本太高，除非有一套详细的炒作计划，能从二级市场上取得足够的投资收益，来抵消收购成本。

3. 红筹上市模式

红筹模式是指境内公司将境内资产以换股等形式转移至在境外注册的公司，通过境外公司来持有境内资产或股权，然后以境外注册的公司名义上市。红筹模式中由于VIE（可变利益实体）架构不同，延伸出不同类型，如协议控制模式、新浪模式、大红筹模式以及小红筹模式等。

二、并购退出

并购退出是指通过其他企业兼并或收购项目企业从而使股权基金退出。由于IPO难度较大，而且时间长，因此股权基金会选择采用并购方式退出。虽然并购的收益不及IPO上市，但毕竟溢价较大而且能较快退出，因此成为仅次于IPO的退出方式之一，特别是随着上市公司的并购业务越来越活跃，股权基金并购退出方式也越来越普遍。

并购退出基本上有两种模式：一是股权基金投资的项目企业被其他企业如上市企业并购，股权基金通过转让股权成功退出；二是股权基金先以并购方式获得项目公司的控制权，经过一段时间培育后，再通过被并购或其他方式如IPO等成功退出。后者一般是并购基金的退出模式。前者收购方一般是上市企业，因为上市公司可利用其融资优势通过控股或全部控制项目公司的方式投入，股权基金借机转让股权退出。

并购的实质是在企业控制权运动过程中，各权利主体依据企业产权做出的制度安排而进行的一种权利让渡行为。并购活动是在一定的财产权利制度和企业制度条件下进行的，在并购过程中，某一或某一部分权利主体通过出让所拥有的对企业的控制权而获得相应的收益，另一部分权利主体则通过付出一定代价而获取这部分控制权。企业并购的过程实质上是企业权利主体不断变换的过程。

（一）并购动因

产生并购行为最基本的动机就是寻求企业的发展。寻求扩张的企业面临着内部扩张和通过并购发展两种选择。内部扩张可能是一个缓慢而不确定的过程，通过并购发展则要迅速得多，尽管它会带来自身的不确定性。并购的最常见的动机就是协同效应（Synergy），包括经营协同效应（Operating Synergy）和财务协同效应（Financial Synergy）。在具体实务中，并购的动因归纳起来主要有以下六类：

1. 扩大生产经营规模，降低成本费用

通过并购，企业规模得到扩大，能够形成有效的规模效应。规模效应能够带来资源的充分利用和充分整合，降低管理、原料、生产等各个环节的成本，从而降低总成本。

2. 提高市场份额，提升行业战略地位

规模大的企业伴随生产力的提高、销售网络的完善，市场份额将会有较大提高，从而确立企业在行业中的领导地位。

3. 取得充足廉价的生产原材料和劳动力，增强企业的竞争力

通过并购扩大企业规模，成为原材料的主要客户，能够大大增强企业的谈判能力，从而为企业获得廉价的生产资料提供可能。同时，高效的管理、人力资源的充分利用和企业的高知名度都有助于企业降低劳动力成本，从而提高企业的整体竞争力。

4. 实施品牌经营战略，提高企业的知名度，以获取超额利润

品牌是价值的动力，同样的产品，甚至是同样的质量，名牌产品的价值远远高于普通产品。并购能够有效提高品牌知名度，提高企业产品的附加值获得更多的利润。

5. 实现公司发展战略

为实现公司发展战略，可通过并购取得先进的生产技术、管理经验、经营网络、专业人才等各类资源。并购活动收购的不仅是企业的资产，还包括被收购企业的人力资源、管理资源、技术资源、销售资源等。这些都有助于企业整体竞争力的根本提高，对公司发展战略的实现有很大帮助。

6. 通过收购跨入新的行业，实施多元化战略，分散投资风险

这种情况出现在混合并购模式中。随着行业竞争的加剧，企业通过对其他行业的投资，不仅能有效扩充企业的经营范围、获取更广泛的市场和利润，而且能够分散因本行业竞争带来的风险。

（二）并购类型

根据并购的不同功能或根据并购涉及的产业组织特征，可以将并购分为三种基本

类型。

1. 横向并购

横向并购的基本特征是企业在国际范围内的横向一体化。近年来，基于全球性的行业重组浪潮，结合我国各行业实际发展需要，加上我国国家政策及法律对横向重组的一定支持，行业横向并购的发展十分迅速。

2. 纵向并购

纵向并购是发生在同一产业的上下游之间的并购。纵向并购的企业之间不是直接的竞争关系，而是供应商和需求商之间的关系。因此，纵向并购的基本特征是企业在市场整体范围内的纵向一体化。

3. 混合并购

混合并购是发生在不同行业企业之间的并购。从理论上看，混合并购的基本目的在于分散风险、寻求范围经济。在面临激烈竞争的情况下，我国各行各业的企业都不同程度地寻求多元化，混合并购就是多元化的一个重要方法，为企业进入其他行业提供了有力、便捷、低风险的途径。

（三）并购流程

一般来说，企业并购需经过前期准备、方案设计、谈判签约和接管整合四个阶段：

1. 前期准备阶段

根据企业发展战略的要求制定并购策略，初步了解目标企业的情况，如所属行业、资产规模、生产能力、技术水平、市场占有率等。

2. 方案设计阶段

根据评价结果、限定条件（最高支付成本、支付方式等）及目标企业意图，对各种资料进行深入分析、统筹考虑，设计出数种并购方案，包括并购范围（资产、债务、契约、客户等）、并购程序、支付成本、支付方式、融资方式、税务安排、会计处理等。

3. 谈判签约阶段

通过分析、甄选、修改并购方案，最后确定具体可行的并购方案。并购方案确定后，以此为核心内容制成收购建议书或意向书，作为与对方谈判的基础。若并购方案设计将买卖双方利益拉得很近，则双方可能进入谈判签约阶段；若并购方案设计远离对方要求，则会被拒绝，并购活动又重新回到起点。

4. 接管与整合阶段

双方签约后，进行接管，并在业务、人员、技术等方面对目标企业进行整合。并购后的整合是并购程序的最后环节，也是决定并购是否成功的重要环节。

三、转让退出

股权转让是公司股东依法将自己的股份让渡给他人，使他人成为公司股东的民事法律行为。转让退出也称协议退出，是指股权基金将自己持有的项目公司的股权转让给其他投资者，自己失去股东身份，从项目公司退出。

股权基金以股权转让方式退出时，一般项目公司还未改制，仍然是有限责任公司。除此之外，股权基金也可以在项目公司改制后在非证券场内市场挂牌交易时进行股权转让退出，如通过美国 OTC 市场、我国中小企业股份转让系统（新三板市场）以及地方股权交易中心退出。两者的共同特点就是以私人股权方式退出。所以，一般通过股权转让方式退出的收益不如 IPO 以及并购方式退出的收益大。

股权基金选择股权转让退出，主要原因是项目公司未来短期内难以实现 IPO 或并购退出，但项目公司发展处于上升期，且具有一定盈利规模，还具备一定投资价值。因此，股权转让退出是股权基金可以保障一定收益情况下的成功退出。

第五节 风险管理

一、步步惊心的风险点

股权投资是高风险、高回报的投资，从接触项目的第一个环节开始风险就已经存在，直到最后完成退出为止。充分了解每一环节的具体风险是进行风险管理的前提，管理好风险是投资者实现投资目标的基本条件。

（一）投资前期风险

1. 项目初选环节风险

项目初选包括项目拓展与评估。在这个环节，投资经理会通过发布投资指南、联系中介机构或直接拜访企业等多种途径拓展和收集项目，经过筛选后进行初步评估，大约会有 20% 的项目进入尽职调查阶段。这个环节没有明显的投资风险，但因为这个环节是所有后续环节的基础，因此存在一些对后续环节有负面影响的因素，笔者将这些因素归类为第一环节风险。主要风险因素有：首先是渠道风险。项目来源渠道过于狭窄，影响所拓展项目的数量和质量，没有足够的优质项目储备，导致资金在一定时间内不能按时使用，最终影响总体资金的使用效率和投资业绩。其次是信息损失风险。项目来源渠道主要是中介机构，信息在传递过程中有损耗，导致信息失真，加剧信息不对称。再次是误解风险。由于投资经理对项目机会与威胁的理解存在较大差异，不同的投资经理对于同一个项目有可能做出大相径庭的判断，在这个环节有不少有价值的项目惨遭淘汰。

2. 尽职调查环节风险

项目尽职调查是项目估值、投资方案设计的前提，也是投资机构在投资前期尽量降低信息不对称风险的重要工作。股权投资者几乎是抱着怀疑一切的态度开展调查工作的，这个环节存在的主要风险是信息不对称带来的道德风险。拟融资的企业为了融资成功或者为了融到更多的资金，会对自己的企业进行包装。为隐瞒企业的缺点，甚至提供假报表，严重干扰尽职调查的客观真实性和信息的完整性。如果投资机构基于这样一份报告展开后续工作，无异于为将来的投资过程埋下地雷，将严重影响投资机构对融资企业股权的估值和未来资本增值预期，更为严重的是让投资机构做出错误的投资方案，甚至进行错误的投资决策，最终导致投资损失。

3. 项目谈判和投资方案设计环节的风险

该环节的主要工作是对融资企业的股权价值进行评估，确定投资工具，讨论确定投资金额和入股比例，确定投资者未来在董事会所占有的席位和相应的权利以及对公司的监控权利，确定投资收益的分配、投资双方的权利和义务等。面临的风险主要是法律风险和谈判风险。法律风险是指，如果投资者对中期管理和后期退出的不确定性估计不足，相关内容未在条约中进行限定，或者约定不清，最终导致法律纠纷。谈判风险是指各项合同条款能否取得双方的一致认可。如果投融资双方在投资理念上差异非常大，导致进一步合作难以进行，投资计划只能夭折。

4. 项目决策环节风险

项目决策环节将决定是否投入资金，由于投资具有不可逆性，如果该环节不够严谨，前述三个环节积累的风险都将会变成现实。这个环节的主要风险是决策风险。为防范决策风险，许多投资机构专门设立投资决策委员会和风险控制委员会。然而，现实中存在不少这样的情况，在部分国有投资机构中，两个委员会的委员由一定级别的领导担任，而不是任用精通业务的专家；在民营投资机构中往往是老板一个人说了算，两个委员会形同虚设。另一个问题是决策效率低下，有的投资需要超过两个以上的投资机构进行决策，如果每一家机构决策效率都比较低，相互交叉导致效率更低，导致项目决策长期久议不决，存在决策失误的可能性增大。

（二）投资中期的风险

投资资金到位后，进入项目中期管理阶段，这个环节最重要的工作在于动态跟踪监控和提供增值服务。由于投资机构受到自身人力资源和无管理效率要求的限制，投资机构一般都不希望直接派员进入目标企业参与日常经营管理，一般都会采取财务管理的方式达到日常跟踪监控的目的。也就是说，采用对企业财务数据进行定期的跟踪与分析，以了解企业运行处于何种状态，力争实现投资机构管理中期风险的目的。投资机构一般通过在董事会或监事会占有一定的席位，或者要求派驻财务总监，定期或不定期地了解企业的发展情况和相关的财务信息，并及时对相关信息进行分析评估。投资机构提供的增值服务涉及多个方面，如帮助企业制定战略规划、完善治理结构，制定及完善激励制度；帮助企业进行必要的筹资和融资，提供资本运作方案等。

实际上，中期阶段的首要风险在于所有权与管理权相分离而产生的委托代理风险和信息不对称风险。委托代理风险具体表现为投资者与经营者目标不一致，使投资者与管理者存在利益冲突，管理者更为关注个人的价值取向而导致投资者利益受到损害。或者管理者不努力经营，或者能力不符合企业发展的要求，使投资者的资本不能保值和增值。信息不对称风险则是目标企业的经理人不能将日常经营的各种信息完整和及时地通知投资机构，因而也使投资机构不能完整、及时地了解企业现况，造成风险临近和扩大。最为严重的是管理者存在道德和诚信问题。轻者粉饰报表，重者窃取未被监控的收入，甚者转移资产，很有可能使投资机构遭受重大的投资损失。

投资中期的另一个主要风险就是企业经营风险。由于目标企业或项目在技术、产品、市场上的不确定性爆发后影响了预期经营业绩；或者由于外部环境和政策干预出现意想不到的突变，使企业陷入难以预料的低谷；或者由于目标企业或项目内部经营与管理期间各种问题积累到一定程度后引发重重经营困难，这些都会影响投资者的最终收益。

投资中期的第三种典型风险是项目跟踪风险。该类风险是由投资机构缺乏相关人才或者精力，难以覆盖所有的投资项目造成的。中国的投资机构中有相当一部分人员来自投资银行，这些人比较熟悉资本运作，但缺乏实际管理经验，因此难以满足为所投资企业提供增值服务的需要。投资机构的人员大多忙于投资前期和后期的工作，很多机构没有足够的精力进行细致的中期管理，如果企业不予以配合的话很有可能出现投资失控的情况。

（三）投资后期的风险

最后一个阶段是退出。一般情况下退出有五种方式，上市退出是溢价最高的一种，也是投资机构最为向往的一种。第二种是在并购市场上退出，这种方式是成功退出最为普遍的方式。第三种是管理层回购（MBO）或者员工收购（EBO），为确保最终实现退出，许多投资协议中都明确列出管理层回购的相关条款。第四种是股权转让，当企业成长到一定程度之后，不同风险喜好的投资机构会介入，并向前期投资者收购企业股份。最后一种是清算，以清算形式退出意味着投资失败，清算往往只能收回原始投入成本的一部分。

由于中国证券市场的发展还不成熟，使股权投资的上市退出存在很大难度，在"全流通"之前可以说此路不通，因为法人股是不能流通的。很多投资机构选择在境外上市，但是在境外上市又会面临外汇管制方面的问题，境外上市只是迂回曲折的羊肠小道。专业的投资机构只能在打通通向境外上市的通道之后，才能有所作为，但这也会面临政策风险。在国内通过并购退出难度也比较大，溢价幅度相对也较低。证券市场的波动对上市退出时机的选择造成非常大的影响，证券市场上热点板块的轮换也会影响不同行业或不同地域投资项目的上市成功率。时机问题是很多投资者非常重视，也是最难以掌控和把握的风险因素。投资机构一般都有投资期限的约束，如果不能退出，对于投资机构来讲风险是非常大的，因此专业的投资机构只有在充分论证退出方案的前提下才进行投资。

二、分散疏散各类风险

由于股权投资的风险隐藏在投资流程的各个环节之中，针对各类风险的控制策略也应当基于投资流程实施，并建立有针对性的、系统化的风险控制策略。

（一）投资前期的风险控制策略

1. 实现能力与项目的匹配，减少因资源浪费带来的损失

无论是机构投资者还是个人投资者，都有自己对投资项目的选择要求，符合选择要求的项目才能进入立项程序。投资者选择项目的要求和投资哲学是在深刻理解投资机构的风险承受能力和项目操作能力的前提下，根据市场状况和投资环境确定的标准。用这个标准来选择项目，实际上已经淘汰了大量对于投资机构而言风险与收益不相匹配的项目，能有效减少因资源浪费带来的损失。

2. 引入中介机构推荐，扩大优质项目来源渠道

股权投资公司在选择目标企业的过程中可能无法获得对方更多的准确信息，其可以通过一些中介机构和关联机构的推介来筛选打算投资的风险企业。中介机构在项目来源与项目信息搜寻方面有一定优势。中介公司的推荐能在一定程度上可以降低投资公司信息损失风险与渠道风险。

3. 聘请专业机构参与尽职调查，降低道德风险

投资者自身往往缺乏专业的调查与评估能力，因此，实践中的尽职调查除了有投资机构的投资人员之外，还要外聘专业的法律和会计中介机构参与调查。尽职调查的过程就是对目标项目所有潜在风险进行盘查的过程。如果存在隐瞒重要信息的行为，被这些专业机构识别的可能性较大。因此，联合专业机构参与尽职调查，能有效降低道德风险。

4. 细化、健全项目条款，减少纠纷

项目条款不明确或者不健全，容易引发纠纷。为保证投资方的权利，条款内容应包括以下四个方面。第一，投资项目估值时扣除风险折现值。投资机构对投资项目进行估值时，会根据风险的大小进行折现，风险越大的扣除就越多。这样如果今后风险因素给投资项目造成损失时，这部分损失也提前从投资项目的估值中扣除，也就是说这些损失在投资机构完全可以接受的范围之内。第二，采取分段投资策略。分段投资是指股权投资公司只提供确保企业发展到下一阶段的资金。严格进行预算管理、反复评估企业的经营状况和潜力、保留放弃追加投资的权利，可以有效地控制风险，减少企业可能的资金浪费。第三，选择复活式证券工具，确定灵活的转换比价。股权投资者一般采用可转换成普通股或可认购普通股的优先股或债券。这里产生了多种投资证券工具，混合使用可以满足投资者和企业的不同需求，双方磋商的余地较大。第四，条款中载明投资退出的保证措施。如果投资项目通过IPO途径退出不成功，还可以保证投资机构以其他方式退出。一是强制原有股东卖出股份。如果被投资企业在一个约定的期限内没有上市，投资机构有权要求原有股东和自己一起向第三方转让股份。二是股票回购。被投资企业以一个约定的价格买回投资机构所持有的全部或部分的被投资企业的股票。

5. 建立专业的决策机构，降低决策风险

可以在投资公司内部建立一个由多领域专家组成的技术评审委员会或决策委员会，或者建立企业智囊顾问团，依靠专家团队的智慧，深入分析投资项目，多角度分析论证、预估风险，采取措施降低投资失败的可能。

（二）投资中期的风险控制策略

1. 设立完善的激励与约束条款

委托代理的风险在股权投资行业存在高发性，实际中的防范策略是设计一系列的条款。一般会采取三种措施。第一，"盈利目标法"，即设定某一盈利目标值，当企业达到时会有重奖，如不能达到则重罚。第二，创始人股东、管理层和主要员工对投资机构的承诺，即签订一定期限的雇佣合同、保密协议、非竞争协议。上市前，创始人股东必须保留大部分股票，上市后创始人股东、管理层和主要员工卖出股票有一定的限制。第三，设定肯定与否定条款。肯定条款指被投资企业管理层在投资期内应该从事哪些行为的约定；否定条款是指被投资企业管理层不能在投资期内从事哪些行为的约定。

2. 建立风险体系与预警机制，控制经营风险

投资中期的风险管理重点在于控制目标企业的经营风险，对此，投资机构需要建立系统的风险体系与预警机制。首先，要建立一套由各个不同层次和子系统组成的目标企业财

务预警指标体系及相应风险阈值，根据企业所处的行业、地区等具体情况进行动态分析，确定风险程度的划分范围。其次，根据目标企业会计环境和实际情况，运用定量与定性相结合的方法对企业运行进行定期和不定期的相关信息采集，并进行风险分析，最后风险预警部门根据风险分析情况得出相应的风险预警报告。风险预警报告提交到业务部门和决策部门之后，根据风险预警的程度安排相应的风险措施，或者启动投资前已设定的各类风险防范条款和措施。

3. 强化信息披露，提升对目标企业的监控

现实中，大部分股权投资公司可能同时投资于多个项目。由于公司在资源、设备以及人手方面的限制，不可能对每一个项目进行实时监控，因此要求目标企业定期提交企业经营报告是一项十分必要的措施。对此，投资公司应在签署项目合同时明确提出建立项目信息的披露制度，并允许投资方对信息的真实性、完整性、及时性等进行核查。

（三）投资后期的风险控制策略

在当前整体市场环境不景气的情况下，股权投资者面临着较大的时机风险与政策风险。要规避这两类风险，或者减轻这两类风险带来的不利影响，建议私募股权投资机构采取以下策略：

1. 分析形势，制定合理的退出方案

上市无疑是私募股权投资机构首选的退出方式，但企业能否上市是由多种因素决定的。一是企业本身的管理基础是不是真正具备上市的基本条件。企业经营环境的不确定性以及内部的管理因素致使企业可能达不到上市的基本条件而导致不能上市。二是即使企业经营能达到预期的目标，但证券市场本身具有的不确定性因素导致企业即使上市也不能实现 PE 机构的收益目标。三是政策环境是不是支持企业上市。在目前中国的资本市场建设中，第三个因素可以说是决定性因素，即政府政策起到了关键性作用。政府政策具有不可预测性，由此导致私募股权投资机构的退出风险大增。因此，在中国这样特定的市场环境中，私募股权投资机构尤其需要对投资的基本形势有深入的研究，同时根据目标企业发展特点制定适宜的方案，实现对退出风险的有效管理。

2. 建立退出方式评估机制，实现最优选择

对退出时机的把握如何，直接关系到股权投资机构的最终收益。实践中，影响退出时机的因素很多，主要包括以下四个方面。第一，目标企业的增值情况。在股权投资正式退出之前，股权投资机构必须关注目标企业的价值增值情况，因为无论选择何种方式退出，只有当目标企业的价值增值足够大时，股权投资机构才有可能获得一个好的"卖出"价格。第二，预期持有成本和预期持有收益。股权投资机构在对目标企业投资时，为了降低

代理成本，一般会采用分期投资的方式。股权投资机构应该在每一期投资之前对目标企业的价值以及增值潜力进行评估。一旦发现如果继续对目标企业投资，其预期持有成本大于预期的持有收益的话，就应该考虑选择适当的退出方式退出。第三，股票市场的行情。股权投资机构在选择风险资本退出时机时，应尽量选择股票行情较好的时候。第四，风险资本的退出期限。由于存在风险资本退出的时间限制，因此无论目标企业的价值增值情况如何，投入资本都必须在退出期限之前实现退出。因此，股权投资机构首先要设计好基于多个退出途径的方案，每个方案应建立风险与收益的评估体系，通过专家组统一决策确立最优的退出方式。

3. 评估行业风险与企业风险，实现退出风险最小化

目前出现大家所认为的"寒冬"现象，是与股权投资机构具有中国特色的投资模式紧密相连的。目前市场上的大部分投资机构都是针对某个特定项目来实现基金的募集，寄希望于该项目IPO，从而实现高回报。但这种模式的致命缺陷在于丧失了分散风险的功能，从而不能保证投资者有一个较为稳定的投资收益。因此，对于股权投资机构而言，首先应建立被投资企业所在行业的风险评估制度，预测行业利润的增长情况以及可能出现的波动；其次，针对被投资企业，建立运行风险评估体系，分析其业绩的成长性与隐藏的风险；最后，根据被投资企业的评估设计出多个退出方案，综合行业风险与企业风险，确定风险最小的退出方式。

三、系统性风险与非系统性风险

（一）系统性风险

1. 政治风险

一国或地区的经济基础决定政治，但是其政治的急剧变化也将不可避免地影响到该国或地区的经济政策，从而构成市场的政治风险。这种政治风险主要影响投资者在证券市场的投资收益预期，导致证券市场价格的急剧波动，进而影响到基金的收益。对于一个国家来说，其政治活动产生的风波必然对其经济活动产生负面影响，而对于股权投资基金来说，这只是其风险的一个重要来源。

2. 政策风险

在整个国家的经济运行中，根据发展的宏观经济目标，政府将运用各种宏观调控手段，包括货币政策、财政政策、税收政策等。这些政策的出台对国民经济及证券市场的发展产生非常深远的影响，从而影响股市的价格，影响股权投资基金的投资收益。当中央银行实行紧缩的货币政策时，将导致股市萎缩、入市资金减少、股市不振、股权投资基金的

投资环境严峻；当中央银行实行积极的货币政策时，大量资金涌入股市，股市大热，从而股权投资基金的投资环境大好。可见国家政策对证券市场影响之大。

3. 利率风险

利率的波动对证券市场价格和收益率的变动影响巨大，并且影响投资者的融资成本和利润。利率提高，则投资于证券市场的资金成本上升，资金减少，证券市场价格下跌；利率降低，则投资证券市场的资金成本降低，资金增加，证券市场价格上涨。

4. 购买力风险

购买力风险又可称为"通货膨胀风险"，是指一国经济发生通货膨胀时，现金购买力下降的风险。股权投资基金的购买力风险表现为，基金的收益主要通过现金的形式来分配，而现金在发生通货膨胀时会产生购买力下降的现象，从而使证券投资基金的实际收益下降。

（二）非系统性风险

1. 法律风险

股权投资基金的法律风险主要是指由于其未确立法律地位所造成的风险。股权投资基金的发展受到法律环境的制约，对于已经以各种方式大量存在的股权投资基金来说，它们仍然处在法律的边缘地带，它们的地位得不到承认，合法权益得不到法律的有效保护。

目前我国现有的法律法规都不能从根本上解决股权投资基金规范化的问题，因此利用法律法规对股权投资基金进行规范监督就更力不从心了。股权投资基金缺乏合法的外部监管，很容易引发内部矛盾，增加营运成本。尽管股权投资基金用自己的方式解决了投资者与管理人之间的利益分配问题，但是，投资者之间利益分配的合理性在制度上仍未得到解决。对于有些股权投资基金管理人来说，虽然采用了西方基金的做法，但股权投资基金做到一定规模后，管理人从自己的利益考虑，会将天平倾向于大投资者，以此获利。因此，基金一旦做大又缺少外部监管，就很容易出现违规问题，带来风险。

在法律地位不确定、政府对股权投资基金缺乏足够有效监控的条件下，处于地下状态的股权投资基金市场竞争激烈，基金管理人投资风格激进，短期行为严重，不可避免地会出现内幕交易、操纵市场、欺诈客户等违规行为，降低市场效率，破坏金融市场秩序。因此，法律风险是股权投资基金其他风险产生的源头风险，控制股权投资基金风险必须从股权投资基金规范化开始。

2. 信用风险

与常见的公募基金相比，股权投资基金的投资策略具有隐蔽性。国际上一般都对股权投资基金的信息披露没有严格的限制，这就造成投资者与基金管理人之间的信息不对称，不利于对基金持有人利益的保护。

在股权投资基金中，很多机制的运作是建立在行为人自我约束的基础上的，而行为人的自我约束除了依靠外在约束机制外，很大程度上是依靠道德、伦理、职业操守等规范来进行约束的。或者说，是依赖于社会的信用环境的。在股权投资基金中，投资者因信任将资金交给基金管理人操作，给予了基金管理人最大限度的自主权。在这种情况下，基金管理人的操作在一定程度上取决于社会道德、伦理的规范。目前我国的信用制度还不健全，这与特殊的人文环境密不可分。我国人文环境的一个特点是我国正处于经济体制的转轨时期，人们行为短期化，投机心理严重。转轨时期的特点是政策环境具有不确定性、不稳定性，这对人们的预期结构产生了重大影响，在可以预见政策环境将时常发生不可预期的变化时，人们最优行为就是行为短期化。这反映在我国股权投资基金身上，就是股权投资基金的各投资主体行为短期化、投资对象行为短期化、市场竞争者行为短期化、证券市场投机行为盛行。我国人文环境的另一个特点是信用环境不成熟。由于信用制度的不健全，中国人目前的信任多是以血统和地域为基础的，较为狭隘。这对股权投资基金的影响是，股权投资基金的投资者往往要求股权投资基金的管理人拥有股权投资基金较高的持股比例作为担保，或者是股权投资基金的组建完全以血统、地域或朋友关系为纽带。

3. 操作风险

由于股权投资基金的信息披露制度不完善和受政府监管力度不够，因此，不可避免地存在内幕交易、操纵市场、损害股东权益等行为。不少股权投资基金公司缺乏监督，也没有一定的内控机制，往往以"坐庄"为主来操纵股价。某些股权投资基金的投资具有高杠杆性，一般都运用财务杠杆进行操作。股权投资基金的投资目的是获取高额利润，因此，为了突破基金自身资金不足的限制，经常大规模运用财务杠杆，利用银行信用，以极高的杠杆借贷资金，扩大其资金规模。因此，如果股权投资基金操作不当，会面临超额损失的巨大风险，危及银行业，可能引起整个资本市场的震荡，放大了市场风险。

4. 资金风险

这里主要讲的是资金来源问题。由于我国股权投资基金不具有明确的合法地位，并且不能公开募集资金，这就导致股权投资基金因为没有正常的融资渠道，而成为各种灰色资金聚集的理想场所。目前我国股权投资基金的来源主要有：

(1) 个人资本

由于个人投资者缺乏投资经验和时间等，特别是一些消息较为闭塞地区的个人投资者，便委托"工作室"或有良好记录的朋友代为理财。

(2) 非上市企业的闲置资金

非上市企业由于一时找不到合适的投资项目，加上银行利率较低，自然就会进入股市，股权投资基金便是一个比较方便的渠道。

(3) 上市公司

不少上市公司在资金宽裕的情况下，纷纷委托投资公司、证券公司、资产管理公司进行证券投资，获得不菲的收益。业内人士普遍认为，众多上市公司进入股票市场的资金已成为"地下股权投资基金"市场的重要组成部分。

法律明确规定，上市公司从二级市场通过配股、增发等形式募集的资金和从银行等金融机构获得的贷款不得用于证券市场。然而，据统计，我国股权投资基金约有40%的资金来自银行的贷款资金，大量银行信贷资金违规注入股市。同时，不少基金管理单位将公益性质的基金委托给股权投资基金，并将投资所得中饱私囊。此外，我国股权投资基金的来源还有一部分是官场上的黑钱及走私的外汇，股权投资基金极易成为洗钱的工具。洗钱从本质上讲，是将违法所得转化为形式上的合法财产的行为，社会危害性极大。

5. 流动性风险

对于基金投资者而言，投资于股权投资基金时有可能发生资金难以"变现"脱手的流动性风险。由于股权投资基金一般都具有很长的期限，这期间资金不准撤出，以此来保证基金运作的持续性和稳定性，对基金经理的投资策略不造成影响。股权投资基金不能上市交易，故一旦发生现金危机，投入基金的钱不能马上变现，持有人只有等待持有期满才能变现，风险不能随时转移，投资者可能面临破产或者其他困境。

四、多管齐下扑灭风险火苗

股权投资基金的特点和运作方式使其具有很多风险，而这些风险会对整个金融市场、金融体系乃至整个社会经济产生重大影响。因此，对股权投资基金的风险控制应当在内部风险控制方面多管齐下。

(一) 加强投资者审核门槛

理论上，任何持有富余资金的人都可以投资股权投资基金，无论是企业、个人，甚或其他组织、团体，只要拥有可支配的资金，都可以成为股权投资基金的投资人。但实践中，由于投资的期限性和风险性，客观上要求投资资金的稳定和投资人具有相应的风险承担能力，同时，基于运作需要，股权投资基金既要相应的资金规模又要一定的人数限制，因此，只有那些具有较强和较稳定的资金实力和风险承担能力且具备一定的投资经验和金融知识的人，才能成为股权投资基金的"有资格的投资人"。

为控制由投资者资格问题引发的风险，有关部门应比照公募基金，规定股权投资者资格管理办法。然而，在相关法规出台之前，股权投资公司自身应建立严格的投资者资格审核制度，具体实施应该参考公募基金的规定，但也要考虑股权投资的基本特点。

（二）规范基金契约责任

由于法律对股权投资基金的监管比较宽松，股权投资基金也不需披露基金的投资组合和基金表现，股权投资基金的运行只受到投资者和股权投资基金发起人所签订的基金契约的制约，所以股权投资基金契约是相当重要的文件。基金管理人与投资人签订委托投资契约时，应事先保证一定时间供投资人充分审阅信托契约全部内容。禁止契约中约定固定收益率。无论股权投资基金采取何种组织形式，规范其章程和契约也是明确当事人之间的法律关系、减少投资者风险的重要手段。股权投资基金的章程和协议应明确当事人（包括发起人、管理人、托管人）的基本情况，基金设立与运作的原则，基金的投资策略、投资方式和投资方向，基金的形式与发售、申购、交易、赎回的时间和程序问题，当事人的权利与义务，基金的收益分配，管理、托管等费用的收取，有关费用的分摊，信息披露，基金净值的计算，基金的终止与清算，以及违规者的法律责任等。

（三）创建基金管理人排行榜

股权投资基金投资者与管理人之间的信托关系实质决定了股权投资基金所有权与经营权的分离，进而存在"内部人控制"风险。所谓股权投资基金的"内部人控制"风险，是指作为委托人的基金持有人，其目标是追求基金资产投资收益的最大化，而作为代理人的基金管理人，其目标是追求个人的货币收入和非货币收入的最大化，两者的目标并不一致。

为防范这一风险，作为一般合伙人的基金管理人的资质条件可适当放宽，但要对股东出资额进行限制，因为基金管理人持有的股份比例越高，内部人控制现象越严重，反而不利于有限合伙人。同时为了防止基金管理人利用投资者的资金谋取私利，还应当保持股权投资基金财产的独立性，即管理人的自身财产与股权投资基金信托财产相互独立。

同时，为保障基金业绩，还需要对基金管理人员采取一定的激励制度。第一，建立特殊的报酬方式，制定收益分配指导性原则。股权投资基金通过特殊的报酬方式的设计以求得投资者与基金经理的激励相容。第二，建立基金经理的声誉机制。只有具有良好声誉的股权投资基金管理人，才有可能取得投资者的信任，才有可能以较低的成本获得投资者的资金。第三，鼓励多采用有限合伙制这种形式。股权投资基金较多地采用有限合伙制形式，由一名普通合伙人和至少一名有限合伙人组成合伙企业，能有效地防止基金经理的道德风险，同时又能较好地保证基金经理享有足够的发挥才华的空间。

第三章 股权设计三步法

第一节 股权设计的三个基本点

一、进入机制

进入机制的重要性不言而喻,现在的创业者往往都极为关注这个部分,因为进入机制的设计包含了股东出资的金额、出资的形式及出资的时间与周期。但是有很多创业者会忽视或未正确看待进入机制中的分红比例、表决比例等内容的设定。我们前面说过股权属于一个复合的权利,其中包含了自益权,比如说要求公司提供出资证明或者股票的请求权、股份转让过户登记请求权、股息和红利的分配请求权、公司剩余财产的分配请求权等。同时股权也是一个共益权,比如说出席股东会的表决权、股东会的召集请求权、任免董事和公司管理人员的请求权、查阅公司章程及簿册的请求权、要求宣告股东会议决议无效的请求权、对董事或监事提起诉讼的权利等。因此,进入机制设计的好坏往往会决定议事规则和退出机制能否有一个良态的运作。好的进入机制往往会使得一份股权设计方案更具智慧,有四两拨千斤之功效。比如《公司法》规定有限责任公司股东会会议由股东按照出资比例行使表决权,但是,公司章程另有规定的除外。这就为股权设计在表决比例方面的设计提供了一定的空间。如果在表决比例上不做设计,仅按照《公司法》的规定以出资比例进行表决,将导致一方为获取公司控制权而投入大量的资本,这就使得获取公司控制权的成本尤其高。但如果参照"AB股"的设计模式,将会使主要创业者在获取控制权上有四两拨千斤之效。

在进入机制中,除了对出资及分红和表决的比例进行设计外,还有一个非常重要的内容就是对出资条件的确定。《公司法》规定股东可以用货币出资,也可以用实物、知识产权、土地使用权等可以用货币估价并可以依法转让的非货币财产作价出资,但是,法律、行政法规规定不得作为出资的财产除外。如果一个项目各个股东都是纯粹的出资人,那在进入条件中仅需要对出资责任即出资金额、时间、违约责任、赔偿责任等做出设定即可。

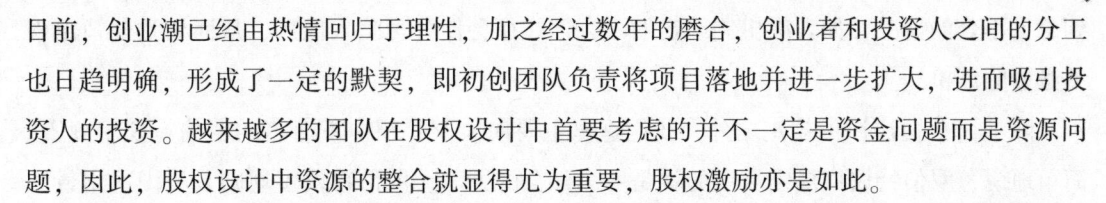

目前,创业潮已经由热情回归于理性,加之经过数年的磨合,创业者和投资人之间的分工也日趋明确,形成了一定的默契,即初创团队负责将项目落地并进一步扩大,进而吸引投资人的投资。越来越多的团队在股权设计中首要考虑的并不一定是资金问题而是资源问题,因此,股权设计中资源的整合就显得尤为重要,股权激励亦是如此。

但事实上,往往很多项目中股东所提供的资源部分或全部是无法以货币进行衡量的,如管理劳务、渠道资源、专业知识等。在这种情况下,进入条件的设计就显得尤为重要。一个团队当中,由于每个成员所掌握的资源不同,为了促使项目的成功,团队之间需要明确各个股东的资源投入,在进入机制的设计当中需要对各个成员的资源投入进行细化和量化。资源投入与进入条件的细化及量化程度不仅是影响项目前期的进度和发展的重要因素,也是后期对股权进行调整的基础。

二、议事规则

在过去早期的创业模式中,公司的控制权绝对掌握在控股股东的手里,控股股东除了掌握绝对性的控股比例,同时兼任公司的董事长或执行董事、总经理及法定代表人,其个人的意志直接代表公司的意志,因此不需要也不存在对议事规则进行设计。但伴随现在的创业模式和创业理念的改变,特别是由平等各方组成的创业团队,即便团队公司中存在持有股权比例较多的大股东,在事项的决策上,尤其是在重要事项的决策上需要各方进行讨论,而且随着创业者公司管理思维意识的逐步提高,公司相关机构及相关人员的"权责利"的分配也逐步为创业者所重视。在这种情况下议事规则设计的重要性就得以凸显。

(一) 公司三会一层的设计

我们认为公司议事规则的设计,主要从公司的三会一层出发,即公司的股东会、董事会和监事会,以及公司的高级管理层如总经理、财务总监等。在设计的内容上,可以考虑从三会一层的职权、议事方式等问题上着手。

关于三会一层的职权,《公司法》有详细而具体的规定,但是需要提请注意的是对股东会的职权设定,《公司法》第三十七条所列举的前十项股东会职权只能由股东会享有,如果将这些职权中的部分职权分散给董事会、执行董事或者高级管理层是有违《公司法》规定的。而对于股东会、董事会、监事会和公司的高级管理层,《公司法》规定了公司章程可约定其他职权,这为议事规则的设计提供了一定的空间。

(二) 罗伯特议事规则

绝大多数的创业型公司和小微企业并未对公司的议事规则进行明确的规划和设计,遇到意见不合的情况,如表决机制约定的不合理往往会使公司陷入僵局,从而导致公司出现不必要的危机。

除了《公司法》的规定之外,我们这里主要向大家介绍一下著名的罗伯特议事规则。简单地说,罗伯特议事规则规定的就是一个开会的方法。罗伯特议事规则是美国适用最广的议事规则典范,已成为全球范围内组织治理与规则的蓝本。其中最著名的是其设定辩论规则,规定了民主的程序细节,本质上就是会议上的法治。罗伯特议事规则有极强的操作性,从美国国会到一般的企业都可以适用,甚至还可以适用于中国的农村。

我们在参加客户的股东会或者董事会时通常会发现这么几个问题:

第一,跑题。一个问题还没结论又开始讨论另外一个问题,会议开了几个小时,最后什么结论也没形成。

第二,打断。不等别人说完话就随意打断,拒绝聆听,放弃沟通。

第三,"一言堂"。有的人说起话来没完没了,其他人得不到发言的机会。

第四,不懂得合理辩论。只要意见不同就容易情绪激动。

第五,表决流程混乱。在表决规则上,有时候会议的主持人会说"同意的跟我举个手",然后举起手来,眼睛直勾勾地盯着没举手的,直到够数就放下手来。还有的是只喊一声"我们表决吧",然后都不说同意还是不同意,接着又开始发表各自的看法,也不说明结论。

这些问题我们在实践中发现是极为普遍的,而这些问题都能通过议事规则的设计来解决。

(三) 决策委员会

议事规则的设计并不仅仅体现在三会一层的设计上,针对一些特别情况还可以考虑设计决策委员会、决策辅助人等机制灵活提高公司的决策效力。

决策委员会的适用范围主要包括以下几种情况:第一,股东较多,表决权分散,不设立相关决策辅助机构,难以形成决策的;第二,一股独大,公司中有一名绝对的控股股东,只有设立决策委会才能科学地进行决策。

决策委员会的设计要考虑以下几点。第一,职权范围,决策委员会必须有明确的清单式的职权范围,避免因越权而产生纠纷;第二,决策委员会要注意决策的高效性,因为决策委员会的设立很大程度上是为了增加决策的效力和科学性,其决策的事项通常不是公司的重大事项,但是具有一定的机遇性,所以在其决策上要注意高效性,尽量过半数通过即可;第三,要注意成员的专业性,由于决策委员会决策的事项追求一定的效力,且其决策也将最终由公司来承担后果,所以决策委员会人员的选择要注意考虑其专业性,尽可能邀请专家、律师、会计师等专业人才加入。

三、退出机制

在创业伊始，创业者之间对于退出机制的问题往往难以启齿，对退出机制做出明确的约定往往会导致退出机制的不畅通，最终损害公司和股东的利益。退出机制不畅通导致的纠纷已成为目前数量最多的公司纠纷，因此，我们认为退出机制一定要设计在前面。

（一）退出机制的实现路径

《公司法》规定了四种股东退出的路径，即股权转让、减资、异议股东回购请求权、公司解散。

1. 股权转让

股权转让是一种较为灵活的退出方式，也是最常见的、最便捷的退出方式，是以股东对内或对外将股权转让给受让方，从而实现退出的。如果受让方是公司内部股东，那么可以自由转让，股东间有特殊约定除外；如果是公司内部股东以外的第三方，按《公司法》规定，股东向股东以外的人转让股权，应当经其他股东过半数同意。股东应就其股权转让事项书面通知其他股东征求同意，其他股东自接到书面通知之日起满三十日未答复的，视为同意转让。其他股东半数以上不同意转让的，不同意的股东应当购买该转让的股权；不购买的，视为同意转让。所以，股权转让在法律上没有障碍。《公司法》规定，公司章程对股权转让另有规定的，按公司章程规定进行。因此，这也为股权转让的设计提供了法律依据。考虑到股权转让的良好性和简便性，这种方式也是退出机制设计当中的首选。

2. 减资

这种退出方式是指公司减少注册资本来实现股东的退出，其实质是公司回购了退出股东的出资。这种方式的好处是其他股东不需要另行筹集股权的购买款，但前提是需要公司其他股东的同意及配合，因为公司减资至少需要三分之二以上有表决权的股东同意。同时，公司减资的程序比较复杂，需要编制资产负债表、财产清单、公告与债权人协商债务偿还或担保事宜等，并且公司减资还需要进行公告公示，其整个周期流程也比较长。受制于上述原因，公司的减资程序适合股东之间分歧较小且对外债务不多的公司。

3. 异议股东回购请求权

除了以转让股权、减资的方式退出之外，《公司法》还规定了股东请求公司回购股权的退出方式。该条规定有下列情形之一的，对股东会该项决议投反对票的股东可以请求公司按照合理的价格收购其股权：第一，公司连续五年不向股东分配利润，而公司该五年连续盈利，并且符合本法规定的分配利润条件的；第二，公司合并、分立、转让主要财产

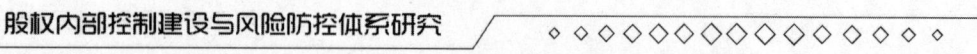

的；第三，公司章程规定的营业期限届满或者章程规定的其他解散事由出现，股东会会议通过决议修改章程使公司存续的。同时该条规定自股东会会议决议通过之日起六十日内，股东与公司不能达成股权收购协议的，股东可以自股东会会议决议通过之日起九十日内向人民法院提起诉讼。由此可见，《公司法》在公司回购股权的问题上无论是前提条件还是程序规定上都极为严格。

《公司法》规定一般情况下公司不得自持其股权，因此公司在回购股东股权之后又将进行减资程序，这又增加了这种退出方式的复杂程度。

4. 解散公司

从《公司法》的规定分析，股东在公司解散的情形下等同于取得了退出公司的法律效果，即如在公司被依法解散的情形下，公司股东也可在依法履行相关清算程序后分配公司的剩余财产，从而达到退出公司的法律目的。目前解散公司的主要方式如下：

第一，根据公司章程规定或股东会议决议解散公司。

公司章程规定的营业期限届满或公司章程规定的其他解散事由出现或者股东会或股东大会决议解散，公司可以解散。

公司财产在分别支付清算费用、职工的工资、社会保险费用和法定补偿金，缴纳所欠税款，清偿公司债务后的剩余财产，有限责任公司按照股东的出资比例分配，股份有限公司按照股东持有的股份比例分配。

可见，当公司在依据公司章程或者股东会议决议而解散的情况下，公司股东实际取得了退出公司的法律效果。

第二，特殊情况下股东可申请人民法院强制解散公司。

公司经营管理发生严重困难，继续存续会使股东利益受到重大损失，通过其他途径不能解决的，持有公司全部股东表决权百分之十以上的股东，可以请求人民法院解散公司。

向人民法院提起强制解散公司之诉，此种方式是在穷尽所有退出手段之后的最后的救济手段，但是此种退出机制的前提条件限定得较为严苛，退出的时间周期较长，且这种手段将导致公司最后被注销，所以无论是从时间成本还是损害后果来看，这种方式都需慎重考虑。

从上述的股东的退出路径来看，按照股权转让的方案进行退出机制的设计最为妥当。根据颁布的《创业投资企业管理暂行办法》（以下简称"《创投暂行办法》"）规定："创业投资企业可以通过股权上市转让、股权协议转让、被投资企业回购等途径，实现投资退出。"根据颁布的《外商投资创业投资企业管理规定》（以下简称"《外资创投规定》"）规定创投企业主要以出售或以其他方式处置其在所投资企业的股权时，可以依法选择适用的退出机制，包括"与所投资企业签订股权回购协议，由所投资企业在一定条件下依法回购其所持有的股权",所投资企业向创投企业回购该创投企业所持股权的具体办法由审批机构会同登记机关另行制订。可见,《创投暂行办法》和《外资创投规定》在《公司法》规定的股权转让退出路径之上开辟了通过签订股权回购协议的新型退出方式。以股权转让作为股东退出的路径设定,是最快速、最经济的解决方式,在股东的退出机制中应当优先考虑。我们认为一个良好的退出机制设计必须明确退出的条件,即何种情况下才能退出,同时约定好退出时股权回购的主体,以及根据不同的退出情况设定不同的退出价格。

（二）退出机制的情形设置

退出情形的设计很好理解,就是触发股东退出机制的一些既定条件。退出情形的设计是整个退出机制实现的基础,不同的退出情形需要考虑不同的回购价格和回购方式,因此能否合法、合理、完整地约定退出情形,将直接影响到所设计的退出机制的功能性、操作性和安全性。

1. 法定退出情形

法定退出情形是指根据法律规定其应当退出的情形,如公司依法解散、股东死亡或其股权被法院强制执行等之后其将不再具有股东资格。

2. 约定退出情形

约定股东的退出情形,对退出情形的具体设定与进一步明确是退出机制设计的基础,在现实中每家公司的情况各不相同,因此所考虑约定的退出情形也不尽相同。我们在设置约定的退出情形时通常会从两个角度进行考虑,一个是股东的主动退出,另一个是股东的被动退出。

第一,股东的主动退出。股东的主动退出指股东主动要求退出创业项目,放弃其所持有的股权,包括股东主动要求对内或对外转让公司股权,要求公司回购其股权,要求公司对其所持有的股权进行定向减资。我们在实践时通常会考虑到股东的退出对创业项目会有一定的冲击,并且考虑到公司创业团队在创业前期的艰辛付出,一般我们对股东对外转让股权持谨慎支持的态度。为了提高创业项目的稳定性和成功率,我们通常会建议客户在退出机制中约定一定的禁止退出的年限。该年限约定的长短通常取决于公司的实际情况和需求,但需要注意的是,设置一定退出期限的目的并不是无法限制股东的人身自由,而仅是在不同期限的相应的回购价格上有所差别。

第二,股东的被动退出。股东的被动退出是指当出现股东之间所约定的某些退出情形时,就强制性地要求相应股东转让其股权,剥夺其股东身份。关于股东的强制退出,不同性质的股东所要考虑的情况不尽相同。比如说激励对象中的员工股东,由于这部分股东同时兼具劳动者和股东的双重身份,因此在强制退出的情形设计时就要考虑到该部分股东的劳动关系问题。

一般而言,当出现股东强制退出的情形时,通常都是基于股东有过错或是重大过失的行为。譬如说,股东故意损害公司利益,因触犯法律、违反职业道德、泄露公司机密、失职或渎职等行为严重损害公司利益或声誉时,可以要求股东强制退出。除此之外,常见的强制退出情形有:股东因犯罪行为被追究刑事责任;具有《公司法》的禁止行为拒不改正的(《公司法》规定了董事、监事、高级管理人员应当遵守法律、行政法规和公司章程,对公司负有忠实义务和勤勉义务,等等)。董事、监事、高级管理人员不得利用职权收受贿赂或者其他非法收入,不得侵占公司的财产。董事、高级管理人员不得挪用公司资金;将公司资金以其个人名义或者以其他个人名义开立账户存储;违反公司章程的规定,未经股东会、股东大会或者董事会同意,将公司资金借贷给他人或者以公司财产为他人提供担保;违反公司章程的规定或者未经股东会、股东大会同意,与本公司订立合同或者进行交易;未经股东会或者股东大会同意,利用职务便利为自己或者他人谋取属于公司的商业机会,自营或者为他人经营与所任职公司同类的业务;接受他人与公司交易的佣金并归为己有;擅自披露公司秘密;违反对公司忠实义务的其他行为。

考虑到在股权设计方案制订时难以对所有的退出情形进行一个完整的罗列,因此我们在退出情形的设计上通常会赋予股东会解释和补充强制退出情形的权利,约定股东会有权认定其他的强制退出情形。

在约定退出情形的方案设计中,我们基于特殊情况考虑,可以采取股东表决权一次性退出和分红权分期退出的方式,如部分股东因为工伤或退休根据相关协议约定不能继续持有公司的股权,但考虑到该部分股东特殊的退出原因及其为公司所做出的历史贡献,就可以采用这种退出方式。

由于股东的强制退出是一种较为严苛的责任条款,所以在认定股东是否达到退出情形上需要谨慎再谨慎。为此,我们通常都会约定当发生强制退出的情形时,是否退出需要经公司股东会代表三分之二以上(不含三分之二)表决权的股东通过,并经三分之二以上(含三分之二)股东表决通过。

3. 关于退出价格的设定

关于退出价格的设定,我们认为其需要与股东的退出情形相互匹配。

(1) 股东主动退出的情形下回购价格的确定

前文在退出情形的设定中说到,股东主动退出的最大限制条件是时间,因此在回购价格的设计上可以考虑根据时间来进行设置。如股东之间约定好五年之内不能退出,那么在价格的设置上可以约定五年内按原价进行回购,超过五年可以按照其他较高的价格进行回购，那么这里的较高价格该如何确定呢？我们通常会推荐客户按照公司的估值、公司的净资产或者按照一定的年利率等进行计算，并按照各个价格孰高的原则确定最终的回购价格。

如果一家公司约定好五年之内，股东不能退出，那么可不可以约定，如果股东在五年内主动退出的，按照低于原价，甚至是进行零元回购呢？我们认为这种约定在原则上是不可取的，因为根据平等原则、公平原则、诚实信用原则及禁止权利滥用原则的民法原则，我们在设计相应的股权回购价格时要考虑到一定的公平性和合理性。因此，如果设计极为不公的回购条款，一旦引发纠纷，可能会因为显失公平而被法院撤销相关的约定，从而导致适得其反的尴尬局面。

但是如果公司在成立后经营不善，并且一直处在亏损的状态，这种情况该怎么办？如果让股东按原价退出，从某种意义上来说退出的股东还能避免相应的经营风险。其实这个问题很容易解决。按照前述满足相应期限根据孰高的原则确定回购价格的逻辑，在这种情况下也可以根据公司净资产、原价、公司估值并按孰低的原则来确定相应的回购价格，并且如果股东因退出给公司造成实际损失的，也可约定要求其承担赔偿责任。

（2）股东被动退出的情形下回购的价格的确定

股东被动退出的情形大多属于其有主观过错的情形，因此在这种情况下回购价格的确定一般具有一定的惩罚性，因此我们可以根据上文所介绍的方法，在这种情况下设置根据公司净资产、原价、公司估值孰低的原则来确定相应的回购价格，并且如果股东给公司造成实际损失，也可约定要求其承担赔偿责任。

4. 关于回购主体的设定

回购主体的选择上要考虑公司的实际情况和相关回购主体的支付能力，一般公司在选择上会确定以下几种回购主体：

（1）大股东或实际控制人回购

从公司控制权等角度考虑，一般由公司的股东或实际控制人进行回购，并由其同退出的股东签署相关法律文本，而回购的价款一般也由大股东进行承担。

（2）由各股东按其所持股比例进行回购

考虑到维持现有股权结构大股东有时也会出现购买力不足的情况，我们通常在相应条款中设计，可以由各股东按股权比例进行回购，如遇特殊情况，由股东会按重大事项表决程序通过。

（3）经过股东会程序同意的第三方主体进行回购

考虑到公司在实际发展中的需要，也可以经过股东会程序同意由第三方主体对退出股东的股权进行回购，以实现老股东退出和新股东进入的同步完成。

第二节　股权设计的两条思路

一、大数据思维

现在是一个 IT 时代向 DT 时代转变的时代。股权设计之所以要根据大数据思维来进行不仅仅是因为这个概念时髦，更是因为数据的中立、可靠。

我们在股权设计项目中，经常会遇到这样的问题，客户提出了一个想法、一个思路，法律并没有严格的禁止性规定，但是细思起来确实存在一定的法律风险，面对这些客户提出的"灰色思路"，我们的解决思维便是大数据思维，通过检索相关类似判例来判断法院对这类问题的裁判态度及思路，来确定在实际操作中该如何去解决。

除了能够通过判例了解到法院对于股权设计思路的判断外，通过对判例的研究我们也能寻找到股权设计中频发的风险点，从而主动帮助客户进行规避。

引起股权转让纠纷的重要原因主要有三点：

（一）当事人的法律风险防范意识不够

这主要体现在当事人在股权转让交易中往往缺乏法律意识和法律风险防范意识，导致在股权转让的过程中出现股权转让方隐瞒公司情况、重大误解等意思错误、转让程序不合法，以及交易合法性、合同条款约定不明的情形，并由此产生大量的案件纠纷。

（二）当事人契约精神不强，怠于履行自己的义务

因为当事人缺少契约精神，或存在客观原因导致自己怠于履行变更登记义务，未履行或延迟履行支付股权转让款或利息义务，导致纠纷的产生。

（三）股权转让协议设计过于简单

由于实际的股权转让交易背景往往比较复杂，当事人之间存在大量的经济往来，但是双方的股权转让协议规定得往往比较简单，这导致了大量的当事人凭借自己有抵消股权转让款的债权，而对实际股权转让款的金额产生争议。

对于以上风险的防范，最恰当的方法就是在投资前聘请专业人士做充分的尽职调查和周密的方案设计，这样的好处有三点。

首先，通过尽职调查可以在交易前对对方的履约能力、负债情况、诚信状况等有更为

深刻的了解，提前避免风险的产生。其次，可以保证在决议和交易环节中的合法性，发现并向客户提示风险，结合客户的商业目的准确地评估风险，提出有效且合理解决风险的方案。最后，能有效地对交易中的各个法律关系进行梳理，明确股权转让款的标的额及各个条款，避免纠纷的产生。

二、资本生命的思维

所谓企业一般是指以盈利为目的，运用各种生产要素（土地、劳动力、资本、技术和企业家才能等），向市场提供商品或服务，实行自主经营、自负盈亏、独立核算的社会经济组织。因此资本是企业的主要生产要素，而盈利是企业的唯一目的。公司作为法人组织不但拥有法律拟制的人格权，更依据其主要生产要素资本，有着一个以资本为引导的生命历程。掌握公司从"生"到"死"的资本历程，只有根据公司发展的客观规律才能更好地进行股权设计。

公司由投资注册而为"生"，由其清算注销而为"终"，其间可能会经历投资、融资、并购、重组、注销，由诞生到繁衍、成长，再到终结的生命历程。由于公司每个阶段所着眼的关键问题不同，所以我们在股权设计中要根据资本的生命历程，以及公司所处阶段的特点的不同来考虑方案的具体设计。举个例子，初创型的公司往往会关注创始人之间的协作关系，关注各个股东在资源上的投入，而公司到了繁衍期，则会将眼光放在投融资领域。股权设计方案中除了要考虑创始人之间的协作和分配关系，还应当考虑到投资人的参与和利益。而当公司进入上升期或是进入生长阶段，公司的价值日益凸显，此时应当着眼于将公司发展的利益同员工共享，让员工享受到公司发展的实惠，增加员工的忠诚度，该阶段的股权激励显得尤为重要。

但是，由于公司股权设计属于公司的顶层架构设计，从现有的经验和对大数据的分析来看，作为公司的顶层架构设计，股权的调整往往会牵一发而动全身，如频繁调整或不合时宜地调整往往会为公司带来法律风险，而与股权有关的纠纷相较于其他民商事案件而言，一般都为系列案件，我们在实战中就遇到了一个股权纠纷打了近十个官司的案例。考虑到公司发展的客观规律，我们通常站在3~5年的发展远景来进行股权设计，也就是说即使公司处于诞生或是繁衍阶段，我们也会建议客户考虑股权激励的相关问题，为股权激励留足空间。

律师和其他专业人员相比，所考虑的资本行动方案的维度存在一定的差异，律师在资本行动的方案中往往考虑的是可行性和安全性。可行性顾名思义是该方案的可操作性和实用性，通过大数据的分析方法，我们能掌握到股权设计的风险的一般性规律，通过对风险高发点的反复论证，出具的股权设计方案往往更具可行性。除了可行性之外，律师在股权设计方案中更应该考虑的是方案的安全性。一个方案的安全与否对于公司来说关系到是否会危及大股东尤其是控股股东的利益和控制权，而对于小股东、投资人或者是激励对象来说，他们更关注这份设计方案是否有法律保障。

第三节 股权设计的一个核心

一、控制权与股权比例临界线

在谈到控制权问题之前，先要和大家分享几个数字：51%、67%、34%、30%、10%、5%、1%…n%（0<n≤100）。这里的每个数字都代表着一个和公司控制权有关的规则。

51%（相对控制权）、67%（绝对控制权）——很多创业者会特别关注51%这个数，认为当自己所持有的股权过半数时就掌握了对这家公司的控制权，实际上控制权的问题远比"过半数"要复杂得多。首先，关于有限责任公司股东会表决比例，《公司法》第四十二条规定："股东会会议由股东按照出资比例行使表决权；但是，公司章程另有规定的除外。"第四十三条规定股东会的议事方式和表决程序，除本法有规定的外，由公司章程规定。股东会会议做出修改公司章程、增加或者减少注册资本的决议，以及公司合并、分立、解散或者变更公司形式的决议，必须经代表三分之二以上表决权的股东通过。其次，关于股份有限公司表决比例，《公司法》第一百零三条规定股东出席股东大会会议，所持每一股份有一表决权。但是，公司持有的本公司股份没有表决权。股东大会做出决议，必须经出席会议的股东所持表决权过半数通过。但是，股东大会做出修改公司章程、增加或者减少注册资本的决议，以及公司合并、分立、解散或者变更公司形式的决议，必须经出席会议的股东所持表决权的三分之二以上通过。

依据以上规定，首先，在有限责任公司关于表决的比例问题上，《公司法》给了一个很大的自治空间，这就意味公司股东可以在法律授权的范围内自行根据实际需求设置相应的表决比例，同时参照股份有限公司的决议程序，对于一般事项掌握51%股份比例的股东具有决定权，但是修改公司章程、增加或者减少注册资本的决议，以及公司合并、分立、解散或者变更公司形式的决议必须经过67%以上股东的表决通过。因此，在章程无特别规定的情况下，无论是有限责任公司还是股份有限公司，股东持有51%的股权仅仅是掌握对一般事项的控制权，对于一些重大事项需要持有67%以上比例的表决权才能有绝对的控制权。

34%（重大事项一票否决权）——这个数值是绝对控制权的相反数值，对于一些难以获得相对或绝对控制权的股东来说，退一步拥有34%的股权就相当于在重大事项表决中具有一票否决权。

30%（上市公司的要约收购）——根据《上市公司收购管理办法》，当收购人拥有权益的股份达到该公司已发行股份的30%时，继续进行收购的，应当依法向该上市公司的股东发出全面要约或者部分要约。

10%（召集会议、解散公司）——《公司法》中多处赋予了单独或合计持有10%以上股权的股东相关权利。其中《公司法》第一百一十条规定，代表十分之一以上表决权的股东，可以提议召开董事会临时会议。《公司法》第四十条规定，董事会或者执行董事不能履行或者不履行召集股东会会议职责的，由监事会或者不设监事会的公司的监事召集和主持；监事会或者监事不召集和主持的，代表十分之一以上表决权的股东可以自行召集和主持。《公司法》第三十九条规定了代表十分之一以上表决权的股东提议召开临时会议的，应当召开临时会议。《公司法》第一百条规定了单独或者合计持有公司百分之十以上股份的股东请求时，应当在两个月内召开临时股东大会。《公司法》第一百零一条规定，董事会不能履行或者不履行召集股东大会会议职责的，监事会应当及时召集和主持；监事会不召集和主持的，连续九十日以上单独或者合计持有公司百分之十以上股份的股东可以自行召集和主持。

因此，从上述法条规定可知，《公司法》赋予了合计或单独持有10%以上表决权的股东召集和主持股东会的权利，而在有限公司中，该部分股东还可以召开董事会临时会议。

除了有召开相关会议的权利外，单独或合计持有10%以上表决权的股东还享有请求解散公司的诉权。《公司法》第一百八十二条规定，公司经营管理发生严重困难，继续存续会使股东利益受到重大损失，通过其他途径不能解决的，持有公司全部股东表决权百分之十以上的股东，可以请求人民法院解散公司。

5%（举牌收购）——投资人在证券市场的二级市场上收购的流通股份超过该股票已发行股本的5%或者是5%的整倍数时，根据有关法规的规定，必须马上通知该上市公司、证券交易所和证券监督管理机构，在证券监督管理机构指定的报刊上进行公告，并且履行有关法律规定的义务，且在半年内不能卖出。

1%（股东代表诉讼）——《公司法》第一百五十一条规定，董事、高级管理人员有本法第一百四十九条规定的情形的，有限责任公司的股东、股份有限公司连续一百八十日以上单独或者合计持有公司百分之一以上股份的股东，可以书面请求监事会或者不设监事会的有限责任公司的监事向人民法院提起诉讼；监事有本法第一百四十九条规定的情形的，前述股东可以书面请求董事会或者不设董事会的有限责任公司的执行董事向人民法院提起诉讼。

该诉讼也叫作股东代表诉讼，又称派生诉讼、股东代位诉讼，是指当公司的合法权益受到不法侵害而公司却怠于起诉时，公司的股东即以自己的名义起诉，而所获赔偿归于公司的一种诉讼形态。

n%（0<n≤100）（知情权）——《公司法》第三十三条规定，有限责任公司股东有权查阅和复制公司章程、股东会会议记录、董事会会议决议、监事会会议决议和财务会计报告。股东可以要求查阅公司会计账簿。股东要求查阅公司会计账簿的，应当向公司提出书面请求，说明目的。公司有合理根据认为股东查阅会计账簿有不正当目的，可能损害公司合法利益的，可以拒绝提供查阅，并应当自股东提出书面请求之日起十五日内书面答复股东并说明理由。公司拒绝提供查阅的，股东可以请求人民法院要求公司提供查阅。《公司法》第九十七条规定，股份有限公司股东有权查阅公司章程、股东名册、公司债券存根、股东大会会议记录、董事会会议决议、监事会会议决议、财务会计报告，对公司的经营提出建议或者质询。

依据以上的条款，只要是该公司股东，无论其持有多少股权都享有对该公司的知情权，知情权在股权设计中不容忽视，因为公司知情权纠纷往往是股权纠纷的前奏曲，这也是为什么知情权纠纷在司法实践中有极高的受理数量。

通俗地讲，股东知情权就是股东的查账权。股东知情权对于大股东尤其是控股股东来说往往具有核弹一般的威力，因为通过查询公司账目所带来的系列知情权纠纷就如同核裂变一般会愈演愈烈。

由于股东知情权对公司的影响重大，且该权利属于法定的知情权，所以在股权设计方案中，如站在大股东或控股股东的角度考虑，就需要对股东行使知情权进行相应的限制，如设定查账的具体时间、地点、方式范围等。

综上可知，股权设计中，应当充分考虑以上要点，以避免不合理的股权比例分配导致公司控制权的丧失。

二、控制权的实现路径

我们认为股权设计的本质和核心就在于把握和平衡公司的控制权，公司控制权的实现路径往往有多个维度，包括公司股东会层面的控制权、董事会层面的控制权、高管任命上的控制权，以及如公章、营业执照等证照管理上所体现出来的控制权。

（一）股东会的控制

股东会是公司的最高权力机构，关于股东会的控制主要是通过所占表决比例的数量来实现的，具体有关比例数量的问题前文已进行了说明。《公司法》对股东会的职权有明确

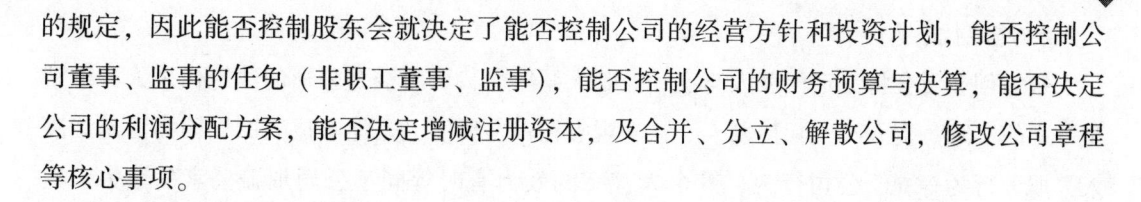

的规定，因此能否控制股东会就决定了能否控制公司的经营方针和投资计划，能否控制公司董事、监事的任免（非职工董事、监事），能否控制公司的财务预算与决算，能否决定公司的利润分配方案，能否决定增减注册资本，及合并、分立、解散公司，修改公司章程等核心事项。

（二）董事会的控制

董事会是公司的最高执行机构，负责日常的较大事项的经营决策，而且其还掌控了高级管理层的人事任免权，所以说控制了董事会就意味着控制了公司的日常经营。董事会在表决上采用一人一票的形式，因此关于董事会的控制主要是通过控制董事会席位的方式加以实现的。初创型企业因为对创业初期的决策效率要求较高，所以我们一般不建议设置董事会，取而代之的是根据《公司法》的规定设置一名执行董事并由实际控制人担任。

（三）监事会的控制

对监事会进行控制的路径与董事会相同，但是很多创业者其实会忽视对监事会的控制，但事实上监事会有时也会对公司的控制权产生一些重要的影响。

（四）高级管理层的控制

高级管理层包括公司的经理、财务负责人员、人力资源管理人员等。这些人员负责公司的具体运作和运营，虽然这些人员并不全都参与公司的股东会、董事会和监事会，但实际上能否控制这些人员对于公司的控制权也有一定的影响。如前文所述，投资人在投资协议中会考虑委派相应的财务管理人员，以实现自己对公司财务状况的知情和了解。

（五）其他

除了上述的三会一层外，对于公司控制权的实现还有一些其他的途径。

1. 公司证照及印章

在实践中我们发现，很多创业者都会将证照、印章的保管视为其控制权实现的标志之一。其实这个观点并无不合理之处，掌握公章和营业执照意味着可以直接以公司法人的身份做出相应的应对。但公司证照和印章的保管，并不是实现控制权的最佳途径。公司证照和印章是公司的财产，如果在保管印章、证照问题上产生纠纷，股东会和董事会有权罢免或解除相关证照、印章保管人员的相关职务，并基于《中华人民共和国物权法》和《民法通则》的相关规定以公司的名义提出诉讼要求相关人员返还公司证照和印章，因此这种控制权的实现方式并不稳固。

2. 法定代表人

很多创业者会将法定代表人与实际控制人画等号，认为谁是公司的法定代表人，谁就是公司的实际负责人和实际控制人。这个观点在一定程度上是能够成立的，因为法定代表人其职务行为等同于公司行为，其个人签字的效力有时等同于公司加盖公章的效力。因此，对于法定代表人的控制事实上也是实现公司控制权的路径之一。但是需要注意的是，根据《公司法》的规定，法定代表人由董事长/执行董事或经理担任，董事长和经理来自董事会的选举和任免，而执行董事或董事的任免权又掌握在股东会的手中，因此实际上如果能控制董事会和股东会，那么法定代表人对实现公司的控制权其实就显得并不重要了。因为如果能控制股东会和董事会，那么法定代表人的选聘也仅仅是从风险防范的角度考虑而非控制权角度。所以说如果单纯靠担任法定代表人、保管公司印章及证照是难以实现对公司控制的，但也不失为一种巩固控制权的途径和防范风险的方式。

3. 关联关系控制

根据《公司法》关于关联关系的规定，关联关系是指公司控股股东、实际控制人、董事、监事、高级管理人员与其直接或者间接控制的企业之间的关系，以及可能导致公司利益转移的其他关系。

4. 特殊身份关系控制

《公司法》对实际控制人有具体的规定。根据《公司法》，实际控制人是指虽不是公司的股东，但通过投资关系、协议或者其他安排，能够实际支配公司行为的人。这种控制方式很容易理解，举个简单的例子，如 A 公司由王乙 100%控股的一家投资公司，该 A 公司又对外直接持有近 30 家公司的股权，其中有多家持股比例达到 90%以上。对于这些企业而言，王乙毋庸置疑是其实际控制人。王乙的父亲王甲虽然和这些公司并无直接关系，但是如果王甲对王乙或 A 公司有相应的控制措施，那么这就属于以特殊身份关系对相关企业进行控制。

5. 合同关系控制

合同关系的控制是指通过影响企业生产、经营的重大合同的控制从而实现对公司的控制权。比较典型的就是淘宝对其平台商家的控制。众多依赖淘宝电商运营服务生态链为生的企业，其主要业务都在淘宝平台上发生，因此，淘宝规则（双方的服务合同）的变动对其会有重大的影响。而淘宝通过其淘宝规则对其他公司进行管理的形式也是一种控制权的实际表现之一。

6. 稀有资源的控制

对于一些依赖特殊资源的企业，特殊资源的控制方也可以通过对这些资源的控制实现对企业的控制权。

第四章 持股平台与股权载体

第一节 持股平台在股权设计中的问题

一、持股平台的优势

持股平台是公司进行股权设计的一个重要工具，多层级股权结构的搭建对于公司的股权结构的设计与公司治理结构的完善有着不可替代的作用，其作用具体包括如下几点：

（一）有效扩充股东人数

建立持股平台最直观的作用就是扩充了股东人数，有限责任公司的股东上限为50人，对于一些有"全员持股"需求的公司，这样的股东人数上限显然是不够的，因此建立持股平台便是最直接的扩充股东人数的方式。

但是，在这里需要特别注意的是，在公司申请上市时，股份公司股权结构中存在工会代持、职工持股会代持、委托持股或信托持股等股份代持关系，或者存在通过持股平台间接持股的安排以致实际股东超过200人的，在依据本指引申请行政许可时，应当已经将代持股份还原至实际股东，将间接持股转为直接持股，并依法履行相应的法律程序。所以，在间接持股模式下，需要累加计算公司的实际股东人数。

（二）风险隔离

通过持股平台的多级股权架构设计，其最直观的作用就是隔离了相关风险，只要直接持有目标公司的股权哪怕只有0.01%的股权，就享有该公司的股东知情权，而股东通过知情权的行使，通过对公司账目的查询也往往会带来一系列纠纷，使矛盾愈演愈烈。所以通过持股平台的设计，能有效隔离股东的知情权，使股东的知情权仅局限于其所在的平台公司内，而不涉及目标业务公司。

除了知情权的隔离，通过持股平台的设置也能对相关人员的股东权利，如股东对股权转让和增资的优先购买权和认购权、股东代表诉讼、股权回购请求权等，或一些合伙人权利，在持股平台之中实现限定，有效隔离企业的经营风险。

（三）通过多级股权架构降低控股成本

合理的持股平台与多级股权架构的设计具有"四两拨千斤"的奇效，即以较小的股权掌握公司的实际控制权或最大限度地提高股权激励的效率，且在减少股权变动对公司的影响的同时，隔离相关风险。

实际控制人要"绝对"控制一家目标公司需要持股67%以上，而想要"相对"控制一家公司也要控股该公司51%以上股权，所以如果不设计多层级的股权架构，实现控制权的成本相应较高，而通过持股平台的多级股权架构能有效地降低控制权的实现成本。

如果不设立多层级的股权架构，实际控制人为了实现对目标公司的相对控股，必须持有公司51%的股权，且如果后期需要吸引投资人或其他股东或有意进行股权激励，无论是以增资还是实施股权转让的形式，其控制权都将受到威胁。

但是通过有限公司持股平台的多层级设计，该实际控制人掌控了持股平台的相对控制权，以直接持股或间接持股的方式共持公司的33.36%的股权，从而实现对该公司的相对控制，同时还可预留出部分股权用于股权激励和吸引投资人及新股东。

更进一步，如果采用有限合伙企业持股平台的多层级股权设计，由于有限合伙企业控制权方式的实现有别于有限责任公司，所以该实际控制人可以仅持有18.6%，甚至是更少的股权比例及出资，来实现对该公司的相对控制。

（四）减少股东变动对公司的影响

考虑到工商登记变更程序的繁复，特别是股东人数众多时，变更签字等事项不但会增加公司的工作量，也提高了相关变更的不可控性，因此，为了避免频繁的股权变动影响到公司的日常经营，可以考虑将经常变动的股东放在持股平台内，以减少股东变动对公司的影响。

（五）减少股权分散导致企业决策难的问题

在实践当中，我们遇到这样一个客户，由于该客户所进行的项目是在商会的牵头下由多方组成的，参与项目的股东人数众多，且股权结构平均又分散，虽然在名义上这家公司由商会会长作为实际控制人，但是日常经营是由其他股东负责。股权的分散和零碎导致的最直接的结果就是决策效率低下，往往好几天都定不下来一件事情。此外，因为在股权比例上看不出实际控制人，所以在股权融资时影响到了投资人的投资意愿。基于这种情况，

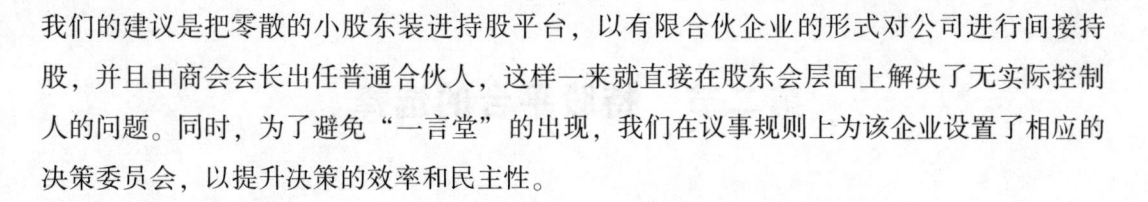

我们的建议是把零散的小股东装进持股平台，以有限合伙企业的形式对公司进行间接持股，并且由商会会长出任普通合伙人，这样一来就直接在股东会层面上解决了无实际控制人的问题。同时，为了避免"一言堂"的出现，我们在议事规则上为该企业设置了相应的决策委员会，以提升决策的效率和民主性。

（六）其他优势

在特定领域，存在不允许自然人成为公司股东的情况，如《保险公司股权管理办法》第十二条就规定：向保险公司投资入股，应当为符合本办法规定条件的中华人民共和国境内企业法人、境外金融机构，但通过证券交易所购买上市保险公司股票的除外。

因为自然人不能直接成为保险公司的股东，保险公司只能通过间接持股的方式实施股权激励计划。在平安保险集团公司与其员工的股东资格确认纠纷系列案件中，平安保险集团及子公司的员工要求确认为平安集团的股东，最后都以失败告终。法院认为由于自然人不能成为保险公司的股东，所以，平安集团通过持股公司由员工持股，共享企业发展的成果。

二、持股平台的弊端

有利就有弊，持股平台的设立虽然有上述的大量优点，但也有一定的弊端，其主要弊端体现如下：

（一）持股平台的设立将增加税收成本

税收成本的增加主要体现在将有限责任公司作为持股平台，有限公司持股平台是法人机构，在进行股权转让和分红时应缴纳所得税。同时，公司在向自然人股东分红时，自然人还需缴纳个人所得税，简单地说，通过有限公司持股，需双重缴税。

（二）持股平台的设立将增加管理成本

持股平台需要进行维护和管理，特别是财务上的管理，因此持股平台的设立必将增加公司的管理成本。

第二节　持股平台的选择

一、有限公司持股平台

有限公司持股平台即通过设立有限责任公司来作为公司的持股平台。相较于合伙企业，我国对公司相关的法规及政策更为规范，因此有限公司作为持股平台较为稳定，其结构也较为完善，并且根据前文所介绍的独立法人和有限责任制度，有限公司持股平台上的间接持股人的法律风险也相较于有限合伙持股平台更低一些，但是其主要的弊端在于管理成本较高，税负也较高。

二、有限合伙持股平台

有限合伙企业由普通合伙人和有限合伙人组成，普通合伙人对合伙企业债务承担无限连带责任，有限合伙人以其认缴的出资额为限对合伙企业债务承担责任。《中华人民共和国合伙企业法》（以下简称"《企业法》"）规定了有限合伙企业由普通合伙人执行合伙事务，有限合伙人不执行合伙事务，不得对外代表有限合伙企业。因此，只要是唯一的普通合伙人，即使只持有极小的合伙财产份额，也可以掌握该合伙企业的控制权。如果选择了合伙形式，公司创始股东为了实现对持股平台表决权的控制，可以担任合伙企业的普通合伙人。但是由于普通合伙人需要承担无限连带责任，所以规避操作是由创始股东设立一个有限公司且作为其普通合伙人。而且，合伙企业由于不需缴纳企业所得税，采用"先分后税"的缴税方式，所以在利润分配、节税等方面还具有天然的优势。

三、不同持股平台的对比

常见的持股平台对比（表4-1）。

表4-1　常见的持股平台对比

组织形式	公司制	有限合伙制	信托制
出资形式	货币、实务、知识产权	货币（LP）、不限形式（GP）	货币

续表

组织形式	公司制	有限合伙制	信托制
注册资本额或认缴出资额及缴纳期限	认缴制	承诺出资制，无最低要求，按照约定的期限逐步到位	资金一次到位
投资门槛	无特别要求	无强制要求	单个投资者通常最低投资不少于100万元
债务承担方式	出资者在出资范围内承担有限责任	普通合伙人（GP）承担无限责任，有限合伙人（LP）以认缴出资额为限承担有限责任	投资者以信托资产承担责任
投资人数	有限责任公司不超过50人；股份有限公司不超过200人	2至50人	自然人投资者不超过50人；合格机构投资者数量不受限制
管理人员	股东决定	普通合伙人	由信托公司进行管理
管理模式	一般同股同权可以委托管理	普通合伙人负责决策与执行，有限合伙人不参与经营	受托人决定可以委托投资顾问提供咨询意见
利润分配	一般按出资比例	根据有限合伙协议约定	按信托合同
税务承担	双重征税	合伙企业不征税，合伙人分别缴纳企业所得税或个人所得税	信托受益人不征税，受益人取得信托收益时，缴纳企业所得税或个人所得税

第三节　股权设计的载体

一、股东协议

股东协议，顾名思义，即股东之间就某些事项达成一致而做出约定所订立的协议。由于其实质上属于一个无名合同，所以在其权利义务约定上具有一定的自主性和灵活性，而这正是股东协议的一个巨大优势。股东协议是现在比较流行的股权设计载体，其本身性质类似于出资人之间的合作合同性质，不需要向工商行政管理部门进行备案，所以在制订的时间和程序上较为灵活，只需订立合同的全体当事人一致同意即可，可以是在公司成立之前也可以是在公司成立之后。而其在内容的设置上也较为灵活，只要全体股东签字认可，可以适当突破《公司法》的限制，将诸如劳务补偿、预留股权等条款内容在其中加以设置。正因为其具有一定的灵活性，使得股东协议在有效解决复杂的公司治理问题的同时，也节省了公司日常治理实践的时间成本。

（一）股东协议的应用场景

首先，如果一家公司具有股东人数众多、股权结构复杂及公司的营业范围广泛而不确定等特征，那么股东协议的灵活性和自主性就能得以有效地发挥。以出资方式为例，《公司法》规定，股东可以以货币、实物、知识产权、土地使用权等多种方式出资，而每一位股东的出资方式并不受限制。

其次，随着公司的发展，公司的股权结构会不断发生变化，譬如老股东的退出、新股东的加盟，再如出资额的增减、出资方式的变更、出资资产的价值评估等，都是这种复杂性的不断演绎。治理不断走向复杂，但这还远未到极致，我们还必须考虑到公司面临的市场竞争、来自消费者的影响，以及宏观政策调控等。问题的关键不在于存在众多的影响因素，而是这些因素的影响具有高度不确定性，比如环保政策对企业能源消耗的影响，再如某一品牌的产品质量事件引发全行业品类的信任危机，这些不确定性在当前社会转型时期极易被触动诱发。联系到股东利益上，解决这些问题仅依靠《公司法》、公司章程，无疑又会显得有些力不从心。可以说，《公司法》及公司章程等都只能关注常态，而股东的个性化需求、应急管理，以及一些未雨绸缪的事宜，则应当交由股东协议负责。

再次，在公司进行投融资环节中，相关对赌条款的安排也大都体现于股东协议当中。根据前文所述，一般在投融资环节中根据相关的判例判定，投资人与公司进行的有关业绩补偿、股权回购的条款是否无效，因此投资人为保障利益通常在签订相关投资协议的同时，需要和原股东签订股东协议以明确相关对赌条款，保证其投资利益。

（二）股东协议与公司治理

众所周知，有限责任公司更为注重人合性而非资合性，因此，大小股东之间的利益博弈更紧密地联系着企业的命运。上市公司的中小股东能保持"理性冷漠"的一个重要原因是其可以"用脚投票",而有限责任公司的退出机制在立法层面则困难得多。所以,尽管有股东派生诉讼等手段可以保证中小股东利益,但并不能解决在出现公司僵局、大股东主导控制却不违法等情况下中小股东的利益诉求问题,譬如优先购买权及利润分配问题等。而基于这些事项的复杂性及可能的机密特性,章程并不能发挥多大作用,可以依靠的便是股东协议了。

从交易成本看,股东协议与《公司法》、公司章程等都具有节省交易成本的作用。不过,《公司法》与公司章程可以有效节省企业事前的交易成本,而对事中及事后出现的一些问题却作用有限或者无法着力,股东协议由于具备高度的灵活机动性和股东的同心协力效力,不论是信息搜寻、谈判决策,还是监督协议的执行,都能保持良好效率,这是其独到之处。

人们在谈及股东治理问题时,多将注意力聚焦于限制大股东、保护中小股东利益方面,但中小股东,尤其是上市公司的中小股东,其本身参与公司治理的积极性是存在疑问的。中小股东更关注短期的投资收益,相比之下,部分大股东却更关心企业的长期价值。以利润分配协议为例,中小股东与大股东之间可能会达成在任何经营情况下均要求分配红利的协议,但当公司处于亏损之时,这种协议就会损害大股东、企业的整体利益。

基于其灵活自治的特点,股东协议还可以重新调整公司的表决权制度(如表决权与股权不相关联、特定事项特定表决等)、董事选任制度(如董事提名权、薪酬制度等)、管理层的选任与监督事项(包括自身参与经营管理或担任监事等)。如此,股东协议便可以将股东的意志切实贯彻执行到股东会、董事会、监事会、管理层等各个主体身上,使这些主体能围绕股东的价值追求而实现步调一致。当然,这并不是说股东协议能够解决一切问题,毕竟,股东协议所涉事项的范围及达成协议的可能性都是有限的。

一直以来,人们并未给予股东协议应有关注,究其原因,可能主要在于人们普遍将股东协议作为一种市场交易或民商事活动中的契约自由来看待,而无意间忽略了其实际上还是一种重要的公司治理工具。现有立法多从合同视角调整股东协议,而诸如《公司法》、《中华人民共和国证券法》(以下简称"《证券法》")等对此并无关注,这种状况应当改变。

二、公司章程

公司章程是实现股权设计的另一载体,因为《公司法》对公司章程的内容及其法律效力、变更方式都有明确的规定,所以在制订章程的时间和程序上并没有股东协议那么灵活。而且公司章程需要去工商行政管理部门进行备案,虽然《公司法》多处规定了公司章程在某些问题上可以另行约定内容,如有限责任公司的分红比例、表决比例、董事会与监事会的职权等,但很多公司甚至都没有认真地设计过自己的公司章程。

实际上,公司章程作为股权设计的载体之一,其在实现股东控制权上有一些无可比拟的优势,如修改变更的方式。《公司法》规定三分之二以上表决权同意的即可修改公司章程,这与股东协议的变更方式不同。因为根据该种修改方式,大股东可以较好地实现自己的控制权不受小股东的干预,而如果像股东协议那样需要经过全体股东一致同意方可进行变更的话,将会导致在修改股东协议的问题上,大小股东拥有同样的权利,不利于大股东控制权的实现。

(一)公司章程的自治空间

《公司法》给了股东足够的自治空间,表现为尊重股东通过公司章程贯彻自治原则。《公司法》及其司法解释共计有八大类三十五处直接授权公司章程做出约定的条款,具体如下:

1. 公司登记中的自治范围

《公司法》第十二条:公司的经营范围由公司章程规定,并依法登记。

《公司法》第十三条:公司法定代表人依照公司章程的规定,由董事长、执行董事或者经理担任,并依法登记。

2. 公司对外担保的自治范围

(1)有限责任公司对外担保的自治范围

《公司法》第十六条:公司向其他企业投资或者为他人提供担保,依照公司章程的规定,由董事会或者股东会、股东大会决议;公司章程对投资或者担保的总额及单项投资或者担保的数额有限额规定的,不得超过规定的限额。

(2)股份有限公司对外担保的自治范围

《公司法》第一百零四条:本法和公司章程规定公司转让、受让重大资产或者对外提供担保等事项必须经股东大会做出决议的,董事会应当及时召集股东大会会议,由股东大会就上述事项进行表决。

3. 股东出资缴纳义务的自治范围

(1)有限责任公司股东出资缴纳义务的自治范围

《公司法》第二十八条:股东应当按期足额缴纳公司章程中规定的各自所认缴的出资额。

(2)股份有限公司股东出资缴纳义务的自治范围

《公司法》第八十三条：以发起设立方式设立股份有限公司的，发起人应当书面认足公司章程规定其认购的股份，并按照公司章程规定缴纳出资。

《公司法》第九十三条：股份有限公司成立后，发起人未按照公司章程的规定缴足出资的，应当补缴；其他发起人承担连带责任。

4. 公司分红及优先认购权的自治范围

（1）有限责任公司分红及优先认购权的自治范围

《公司法》第三十四条：股东按照实缴的出资比例分取红利；公司新增资本时，股东有权优先按照实缴的出资比例认缴出资。但是，全体股东约定不按照出资比例分取红利或者不按照出资比例优先认缴出资的除外。

（2）股份有限公司分红及优先认购权的自治范围

《公司法》第一百六十六条：公司弥补亏损和提取公积金后所余税后利润，有限责任公司依照本法第三十四条的规定分配；股份有限公司按照股东持有的股份比例分配，但股份有限公司章程规定不按持股比例分配的除外。

（3）公司分红及优先认购权的自治范围的合理限制

《公司法》《最高人民法院关于适用〈中华人民共和国公司法〉若干问题的规定（三）》第十六条规定：股东未履行或者未全面履行出资义务或者抽逃出资，公司根据公司章程或者股东会决议对其利润分配请求权、新股优先认购权、剩余财产分配请求权等股东权利做出相应的合理限制，该股东请求认定该限制无效的，人民法院不予支持。

5. 股东表决权的自治范围

（1）有限责任公司股东表决权的自治范围

《公司法》第四十二条：股东会会议由股东按照出资比例行使表决权；但是，公司章程另有规定的除外。

（2）股份有限公司股东表决权的自治范围

《公司法》第一百零五条：股东大会选举董事、监事，可以依照公司章程的规定或者股东大会的决议，实行累积投票制。

6. 股东会的自治范围

《公司法》第三十七条：股东会行使下列职权：……（十一）公司章程规定的其他职权。

《公司法》第三十九条：股东会会议分为定期会议和临时会议。定期会议应当依照公司章程的规定按时召开。

《公司法》第四十一条：召开股东会会议，应当于会议召开十五日前通知全体股东；

但是，公司章程另有规定或者全体股东另有约定的除外。

《公司法》第四十三条：股东会的议事方式和表决程序，除本法有规定的外，由公司章程规定。

《公司法》第一百条：股东大会应当每年召开一次年会。有下列情形之一的，应当在两个月内召开临时股东大会：……（六）公司章程规定的其他情形。

7. 董事会/执行董事的自治范围

《公司法》第四十四条：董事会设董事长一人，可以设副董事长。董事长、副董事长的产生办法由公司章程规定。

《公司法》第四十五条：董事任期由公司章程规定，但每届任期不得超过三年。

《公司法》第四十六条：董事会对股东会负责，行使下列职权：……（十一）公司章程规定的其他职权。

《公司法》第四十八条：董事会的议事方式和表决程序，除本法有规定的外，由公司章程规定。

《公司法》第五十条：股东人数较少或者规模较小的有限责任公司，可以设一名执行董事，不设董事会。执行董事可以兼任公司经理。执行董事的职权由公司章程规定。

8. 监事会/监事的自治范围

《公司法》第五十一条：监事会应当包括股东代表和适当比例的公司职工代表，其中职工代表的比例不得低于三分之一，具体比例由公司章程规定。

《公司法》第五十三条：监事会、不设监事会的公司的监事行使下列职权：……（七）公司章程规定的其他职权。

《公司法》第五十五条：监事会的议事方式和表决程序，除本法有规定的外，由公司章程规定。

《公司法》第七十条：国有独资公司监事会成员不得少于五人，其中职工代表的比例不得低于三分之一，具体比例由公司章程规定。

《公司法》第一百一十九条：监事会的议事方式和表决程序，除本法有规定的外，由公司章程规定。

9. 高级管理人员的自治范围

《公司法》第二百一十六条：高级管理人员，是指公司的经理、副经理、财务负责人，上市公司董事会秘书和公司章程规定的其他人员。

《公司法》第四十九条：公司章程对经理职权另有规定的，从其规定。

10. 股权变动的自治范围

（1）有限责任公司的自治范围

《公司法》第七十一条：公司章程对股权转让另有规定的，从其规定。

《公司法》第七十五条：自然人股东死亡后，其合法继承人可以继承股东资格。但是，公司章程另有规定的除外。

（2）股份有限公司的自治范围

《公司法》第一百四十一条：公司章程可以对公司董事、监事、高级管理人员转让其所持有的本公司股份做出其他限制性规定。

11. 其他的自治范围

《公司法》第一百六十五条：有限责任公司应当依照公司章程规定的期限将财务会计报告送交各股东。

《公司法》第一百六十九条：公司聘用、解聘承办公司审计业务的会计师事务所，依照公司章程的规定，由股东会、股东大会或者董事会决定。

（二）公司章程的工商备案处理

由上文可知，《公司法》赋予了股东在公司章程中在一定范围内进行自治的权利，但是在实践当中，通常工商行政管理部门并不会为公司股东自己草拟的章程进行备案，而要求公司使用工商行政管理部门的格式文本。公司在设立阶段的首份公司章程需要在公司登记之时生效，即在工商登记部门向公司签发营业执照之时。而后修改的公司章程在符合法定的修改条件之后即发生效力，《公司法》第十一条虽然只规定公司章程对公司、股东、公司高级管理人员具有约束力，但是公司外部的第三人对于备案的公司章程可以信赖其合法效力，该信赖利益应受到法律的保护。因此我们建议，如果自己设计了相应的章程内容，就要尽最大努力去工商行政管理部门完成备案登记。如果工商行政管理部门依旧不能备案的，有两种解决方式：第一种方式是向法院对工商行政管理部门提起行政诉讼，要求其就相关章程备案；第二种方式是在工商行政管理部门备案其格式章程文本后，立即召开股东会修改相应的公司章程。

三、两者选择

公司章程和股东协议同为公司股权设计的载体，我们在选择上应该同时对这两个载体进行考虑，并分配以不同的内容。公司章程和股东协议的对比（表4-2）。

表 4-2 公司章程和股东协议的对比

	股东协议	公司章程
生效条件	全体股东同意并签字	首份章程在公司登记时生效；此后章程在符合法定或约定的修改条件即三分之二以上表决权股东同意后生效
修改条件	全体股东同意并签字	符合法定或约定的修改条件即三分之二以上表决权股东同意后生效
内容	法律没有规定	公司法规定了部分内容
必要性	非必备要件	必须具备
公开性	不要求披露	要求披露
效力范围	一般不及于新股东	及于新股东

因为股东协议在可约定的内容上较公司章程更广，所以可以将一些事实性的内容和章程无法约定的内容在股东协议中予以约定，如各股东资源的提供、股权的预留和代持、股权的股东回购等。同时，股东协议其本质上应当属于一份当事人之间的合作合同，其在协议的变更、解除等问题上必须要订立合同的全体当事人一致同意。这种变更的形式从大股东控制权实现的角度来说并不有利，故在股东协议中不宜约定需要经常做变更调整的内容，以免影响控股股东实际控制权，但这些需要调整的内容可以在公司章程中进行约定。

基于股东协议与章程之间存在一定程度的共通之处，这也是立法对股东协议未予关注的一个原因。但在实践中，这会造成章程凌驾于股东协议之上并使后者无法发挥作用，因此需要章程与股东协议的相辅相成。

在股权设计中，关于两者的选择，应当根据具体的条款设计、功能要求和企业的实际需求，对两者进行灵活的运用，以满足企业的实际需求。

第五章　股权激励基础

第一节　股权激励的相关概念

股权激励是指公司通过股权形式给予企业经营者一定的经济权利，使他们能够以股东的身份参与企业决策、分享利润、承担风险，从而勤勉尽责地为公司的长期发展服务的一种激励方法，和它相关的概念主要有股权、股份、股票和期权等。

一、股权

股权是财产所有权的一部分，是指股东通过出资或受让等合法方式拥有公司股份或者出资份额，并因此享有参与公司管理决策、享受利润分红的可转让权利。

（一）股权的特征

1. 综合性

股权包括股息或红利分配请求权、新股优先认购权、剩余财产分配权、股份转让权等财产权，也包括一系列公司事务参与权，如表决权、公司文件查阅权、召开临时股东会请求权、对董事及高级职员的监督权等，是一种综合性的权利。

2. 社员权

股权是股东因出资成为法人社团成员而取得的一种社员权利，包括财产权和管理参与权，是一种独立类型的权利。它既不同于传统私法中纯粹的物权或债权，又不同于传统私法中纯粹的人格权或身份权，更像一种资格或权限，其实质是团体中的成员依其在团体中的地位而产生的具有利益内容的权限。换言之，社员权有法律资格之外观而具法律权利之实质，其本质属性是新型的私法权利，而这种权利是与法律主体的财产权、人身权、知识产权相并列的权利类型。

3. 通过出资形成

股权是出资者向公司出资，以丧失其出资财产所有权为代价取得的一种权利。

根据股权的内容和行使目的，股权分为自益权和共益权。自益权是专为该股东自己的利益而行使的权利，主要是财产权，如股息和红利的分配请求权、剩余财产分配请求权、新股优先认购权、优先清偿权等。

共益权是指股东以参与公司经营为目的的权利，或者说是股东以个人利益为目的兼为公司利益而行使的权利，这种权利的行使可使股东间接受益。共益权主要包括表决权、代表诉讼提起权、临时股东大会召集请求权、临时股东大会自行召集权与主持权、提案权、质询权、股东会和董事会决议无效确认请求权和撤销请求权、公司合并无效诉讼提起权、累积投票权、会计账簿查阅权、公司解散请求权等。

（二）股权的内容

股权代表着股东享有和行使的权利。根据我国《公司法》规定，这些权利主要包括以下内容，具体如下：

1. 股东身份权

按照法律规定，有限责任公司成立后，应当向股东签发出资证明书。出资证明书应当载明下列事项：公司名称，公司成立日期，公司注册资本，股东的姓名或者名称、缴纳的出资额和出资日期、出资证明书的编号和核发日期。出资证明书由公司盖章。

有限责任公司应当置备股东名册，记载下列事项：股东的姓名或者名称及住所，股东的出资额，出资证明书编号记载于股东名册的股东，可以依股东名册主张行使股东权利。

公司应当将股东的姓名或者名称向公司登记机关登记；登记事项发生变更的，应当办理变更登记；未经登记或者变更登记的，不得对抗第三人。也就是说，股东名册中记载的股东仍然可以依据股东名册来主张行使股东权利，但是第三人将可以不依据股东名册，而以在登记机关登记的内容为准，来判断公司股东的姓名或名称以及出资额。

2. 参与决策权

《公司法》规定，有限责任公司股东会由全体股东组成，股东会是公司的权力机构，行使下列职权：决定公司的经营方针和投资计划，选举和更换由非职工代表担任的董事、监事，决定有关董事、监事的报酬事项，审议批准董事会的报告，审议批准监事会或者监事的报告，审议批准公司的年度财务预算方案、决算方案，审议批准公司的利润分配方案和弥补亏损方案，对公司增加或者减少注册资本做出决议，对发行公司债券做出决议，对公司合并、分立、解散、清算或者变更公司形式做出决议，修改公司章程等。

股份有限公司股东大会由全体股东组成，股东大会是公司的权力机构。股东出席股东大会会议，所持每一股份有一表决权股东大会做出决议，必须经出席会议的股东所持表决权过半数通过，但是，股东大会做出修改公司章程、增加或者减少注册资本的决议，以及公司合并、分立、解散或者变更公司形式的决议，必须经出席会议的股东所持表决权的三分之二以上通过。

3. 选择、监督权

股东会是公司的权力机构，有权选举和更换由非职工代表担任的董事、监事，决定有关董事、监事的报酬事项，审议批准董事会和监事会或者监事的报告。

4. 知情权

《公司法》规定：股东有权查阅和复制公司章程、股东会会议记录、董事会会议决议、监事会会议决议及财务会计报告。

股东可以要求查阅公司会计账簿，查阅公司会计账簿时，应当向公司提出书面请求，说明目的。公司有合理根据认为股东查阅会计账簿有不正当目的，可能损害公司合法利益的，可以拒绝提供查阅，并应当自股东提出书面请求之日起15日内书面答复股东并说明公司拒绝提供查阅的理由，股东可以请求人民法院要求公司提供查阅。

5. 召开临时会议权

董事会不能履行或者不履行召集股东大会会议职责的，监事会应当及时召集和主持；监事会连续90天以上不召集和主持的，单独或者合计持有公司10%以上股份的股东可以自行召集和主持临时会议。

6. 优先受让、认购新股权

股东持有的股份可以依法转让经股东同意转让的出资，在同等条件下，其他股东对该出资有优先购买权；公司新增资本时，股东有权优先按照实缴的出资比例认缴。

7. 退出权

《公司法》规定，有下列情形之一的，对股东会该项决议投反对票的股东可以请求公司按照合理的价格收购其股权：

一是公司连续五年不向股东分配利润，而公司该五年连续盈利，并且符合本法规定的分配利润条件的；

二是公司合并、分立、转让主要财产的；

三是公司章程规定的营业期限届满或者章程规定的其他解散事由出现，股东会会议通过决议修改章程使公司存续的。

自股东会会议决议通过之日起60日内，股东与公司不能达成股权收购协议的，股东可以自股东会会议决议通过之日起90日内向人民法院提起诉讼；此外，在公司经营管理发生严重困难，继续存续会使股东利益受到重大损失，且通过其他途径不能解决时，持有公司全部股东表决权10%以上的股东，可以请求人民法院解散公司。

8. 诉讼权和代位诉讼权

董事、高级管理人员违反法律、行政法规或者公司章程的规定并损害股东利益的，股东可以向人民法院提起诉讼。

《公司法》规定，公司董事、高级管理人员侵害公司权益时，股东可以书面请求监事会或者不设监事会的有限责任公司的监事向人民法院提起诉讼；监事侵害公司权益时，股东可以书面请求董事会或者不设董事会的有限责任公司的执行董事向人民法院提起诉讼。前述监事会、监事或者董事会、执行董事收到股东书面请求后拒绝提起诉讼，或者自收到请求之日起30日内未提起诉讼，或者情况紧急、不立即提起诉讼将会使公司利益受到难以弥补的损害的，股东有权为了公司的利益以自己的名义直接向人民法院提起诉讼；他人侵犯公司合法权益给公司造成损失时，股东也可以依照上述规定向人民法院提起诉讼。

二、股份

股份是公司资本的最基本单位，代表股东对公司的部分拥有权，它包含三层含义：股份是公司资本的构成成分；股份代表了股份有限公司股东的权利与义务；股份可以通过股票价格的形式表现其价值。股份具有下面几个特点，具体如下：

（一）价值性

股份是公司资本的体现，是一定价值的反映，可以用货币加以衡量。

（二）平等性

同种类的每一股份应代表相同的权利，具有平等性。

（三）不可分性

股份是公司资本最基本的构成单位，每个股份不可再分。

（四）可转让性

股东持有的股份可以依法转让。《公司法》规定，有限责任公司的股东之间可以相互转让其全部或者部分股权。股东向股东以外的人转让股权，应当经其他股东过半数同意。股东应就其股权转让事项书面通知其他股东征求同意，其他股东自接到书面通知之日起满30日未答复的，视为同意转让，其他股东半数以上不同意转让的，不同意的股东应当购买该转让的股权；不购买的，视为同意转让。股东转让其股份，应当在依法设立的证券交易场所进行或者按照国务院规定的其他方式进行。

股份是股东享有权利的体现，和股权相比，股份侧重于表达股东出资及权力的大小。

三、股票

股票是股份的表现形式，是公司向股东发行的所有权凭证，每股股票都代表股东对企业拥有一个基本单位的所有权，股东可以按股取得股息和红利。

股票是股份公司资本的构成部分，可以转让、买卖、同一类别的每一份股票所代表的公司所有权是相等的。每个股东所拥有的公司所有权份额的大小，取决于其持有的股票数量占公司总股本的比重。

由于股票包含的权益不同，股票的形式也就多种多样。一般来说，股票可分为普通股股票和优先股股票：由于我国的股份制改造起步较晚，股票的分类尚不规范，其类型具有一些特殊性。

（一）普通股股票

所谓普通股股票，就是持有这种股票的股东都享有同等的权利，他们都能参加公司的经营决策，其所分取的股息红利是随着股份公司经营利润的多寡而变化而其他类型的股票，其股东的权益或多或少都要受到一定条件的限制。

普通股股票的主要特点如下：

1. 普通股股票是股票中最普通、最重要的股票种类

股份公司在最初发行的股票一般都是普通股股票，且由于它在权利及义务方面没有特别的限制，其发行范围最广、发行量最大，故股份公司的绝大部分资金一般都是通过发行普通股股票筹集而来的。

2. 普通股股票是股份有限公司发行的标准股票

其有效期限是与股份有限公司相始终的，此类股票的持有者是股份有限公司的基本股东。

3. 普通股股票是风险最大的股票

持有此类股票的股东获取的经济利益是不稳定的，它不但要随公司的经营水平而波动，且其收益顺序比较靠后，这就是股份公司必须在偿付完公司的债务和所发行的债券利息以及优先股股东的股息以后才能给普通股股东分红，所以持有普通股股票的股东其收益最不稳定，其投资风险最大。

（二）优先股股票

所谓优先股股票是指持有该种股票股东的权益要受一定的限制。优先股股票的发行一

般是股份公司出于某种特定的目的和需要,且在票面上要注明"优先股"字样。优先股股东的特别权利就是可优先于普通股股东以固定的股息分取公司收益并在公司破产清算时优先分取剩余资产,但一般不能参与公司的经营活动,其具体的优先条件必须由公司章程加以明确。一般来说,优先股的优先权有以下四点:

一是在分配公司利润时,可先于普通股且以约定的比率进行分配。

二是当股份有限公司因解散、破产等原因进行清算时,优先股股东可先于普通股股东分取公司的剩余资产。

三是优先股股东一般不享有公司经营参与权,即优先股股票不包含表决权,优先股股东无权过问公司的经营管理,但在涉及优先股股票所保障的股东权益时,优先股股东可发表意见并享有相应的表决权。

四是优先股股票可由公司赎回。由于股份有限公司需向优先股股东支付固定的股息,优先股股票实际上是股份有限公司的一种举债集资的形式,但优先股股票又不同于公司债券和银行贷款,这是因为优先股股东分取收益和公司资产的权利只能在公司满足了债权人的要求之后才能行使。优先股股东不能要求退股,却可以依照优先股股票上所附的赎回条款,由股份有限公司予以赎回。大多数优先股股票都附有赎回条款。

(三) 其他类型股票

除了普通股股票和优先股股票外,根据股票持有者对股份公司经营决策的表决权,股票又可分为表决权股股票和无表决权股股票;根据股票的票面是否记载有票面价值,股票又可分为有额面股股票和无额面股股票;根据股票的票面是否记载有股东姓名,股票可分为记名股票和不记名股票;除此之外,还有库藏股票、偿还股股票、职工内部股票和储蓄股股票等。在这些股票当中,比较特殊的是后配股股票和混合股股票。

1. 后配股股票

又称劣后股股票,是指在规定的日期或规定的事件发生以后才能分享股息红利和公司剩余资产的股票。具体来讲,后配股股票股东行使的收益权顺序位于普通股股东之后,但行使的股东权和普通股股东一致,即可通过股东大会参与股份公司的经营决策。后配股股票的收益极不稳定且没有保障,其股东地位要强于优先股股东。即使如此,一般的投资者都不愿意接受,所以后配股股票一般都是无偿地向公司发起人或参与公司经营的股东管理人赠送,故后配股股票也称为发行入股或管理入股。

2. 混合股股票

混合股股票是将优先分取股息的权利和最后分配公司剩余资产的权利相结合而构成的股票。具体地讲,股份有限公司在分配股息时,混合股股东先于普通股股东行使权利。而在公司清算时，混合股股东分配公司剩余财产的顺序又处于普通股股东之后，混合股股票是优先股与后配股的结合体。

四、授予日、禁售期、解锁期、行权

授予日、禁售期、解锁期、行权这几个词语在股权激励实施过程中常被用到，下面主要介绍一下这几个概念：

（一）授予日

授予日是指公司根据股东大会通过的股权激励计划，在达到计划要求的授予条件时，实际授予公司员工限制性股票的日期。

（二）禁售期（锁定期）

禁售期是指公司员工取得股权激励计划下的股票后不得通过二级市场或其他方式进行转让的期限。根据我国《上市公司股权激励管理办法》的规定，限制性股票自授予日起，禁售期不得少于12个月。

（三）解锁期

在禁售期结束后进入解锁期，如果公司业绩满足计划规定的条件，员工取得的股票可以按计划分期解锁，解锁后，员工的股票可以在二级市场自由出售。

（四）行权

行权是指权证持有人要求发行人按照约定的时间、价格和方式履行权证约定的义务。行权日就是可以行使权证权利的日子，行权价就是行权当日股票交易的价格。

第二节 股权激励的本质

股权激励制度的推行对企业的营收以及市值增长会有较大的帮助，而且能建立完善的股权激励制度的企业，就能达成企业、股东以及员工三方共赢的局面。股权激励的作用主要体现在以下4个方面：

一、激励作用

作为一种企业长期的激励机制，激励作用是其最主要的目的，而企业与员工正是通过

股权这一桥梁达成了共鸣,员工也由此生成了企业主人翁的意识,自发地燃起工作热情,主动、积极地为企业做出贡献,完成企业既定的目标,以实现企业、股东及个人的利益为己任,最大限度地发挥潜在价值,而对于企业来说,员工有此觉悟后,监督的成本就会得到降低。

二、约束作用

一方面,通过股权激励,员工、股东及企业就形成了一个利益共同体,成为一脉相传的密切关系,通俗地说就是"你好、我好、大家好"。如果在大家的努力下,企业获得了良好的发展,出现了盈余,那么股东与员工都能够从中获得利益;如果因为种种原因导致企业出现亏损,那么股东也好、员工也罢,都要共同承担。另一方面,员工享受激励的权利是有着一定的前提条件的,比如规定的期限内不能离职,如若离职的话就需要将既得利益返回给企业。

三、改善员工福利

对于企业来说,福利是留住员工的法宝,而股权激励能够留住人才就是因为对员工的福利在这方面有所改善。

四、稳定员工

无论哪一种股权激励工具的实施都有着一定的附加条件,大部分都是用在员工的服务期上面,比如说规定在几年之内不得离职,否则既得利益就会受损等。所以一般获得激励的员工不会轻易跳槽,尤其是那些处于核心管理层的高级管理人员、掌握企业命脉的技术核心人员及销售精英,其被授予的激励力度会更大,相应的限制也就更严谨。所以,股权激励在很大程度上起到了稳定军心的作用。更为重要的是,股权激励可以帮助企业招揽人才。对于拥有高技术的人才,实行股权激励的企业对其吸引力比未推行股权激励的企业要高得多。就拿北京做IT行业的上市企业的高管来说,在几家高管薪资水平相差不大的情况下,推行股权激励制度的企业高管收入(薪资+股权)比未推行股权激励制度的企业高管要高出好几倍,在生存压力如此之大的社会,人才自然会选择供职于薪资较高的企业。

第三节　股权激励的理论基础

一、委托代理理论

委托代理理论是现代企业理论的重要组成部分，当企业所有权和经营权产生分离，委托代理问题随即产生。在17世纪英国和荷兰进行合股贸易之前，业主型企业几乎是企业组织形式的唯一形态，直到19世纪公司制企业在西方迅速发展前，业主型企业一直是占主导地位，企业主即是经营者，所有权和经营权合二为一，不存在委托代理关系。现代股份公司企业组织形式的产生对委托代理关系的发展起到了极大的推动作用。在现代股份公司里，股东数量庞大且分散，不能对企业进行直接的管理和支配，企业的所有权和经营权相分离，所有者股东必须把企业委托给经理经营，而经理就是所有者（股东）的代理人，拥有经营决策。伴随着经济力量的集中，股权变得越来越分散……几乎没有控制权的财富所有权与几乎没有所有权的财富控制权，似乎是公司制度发展的必然。……控制权的维持在很大程度上已与所有权相分离：控制者的利益有别于甚至常常完全对立于所有者的利益……在一个企业的大部分利润被预先设定给大量的个人所有者而不是控制者的情况下，控制者与所有者的利益就不可能一致。由于所有权和经营权的分离，公司的管理者常常追求个人利益的最大化，而非股东利益的最大化。

如果当事人双方，其中代理人一方代表委托人利益行使某些决策权，则代理人关系就产生了。基于所有权和经营权的分离，将委托代理关系定义为一种契约，在这种契约下，一个人或更多的人（即委托人）聘用另一个人（即代理人）代表他们来履行某些服务，包括把若干决策权托付给代理人，法律意义上的代理是代理人在代理权限内，以被代理人的名义实施民事法律行为。被代理人对代理人的代理行为，承担民事责任。信息经济学是从信息拥有量的不同来界定委托人和代理人，认为委托代理关系泛指任何一种涉及非对称信息的交易，交易中有信息优势的一方被称为代理人，不具有信息优势的人称为委托人。委托人处于信息的劣势地位，出让权力与代理人由于委托人和代理人目标的不一致和信息的不对称，会导致代理成本的产生，为了降低代理成本，必须降低由于委托代理产生的效率损失。

由于代理人对个人效用的追求及委托人和代理人之间的信息不对称，委托人需要通过代理人进行适当的激励，以及通过承担代理人越轨活动的监督费用，可以限制其利益偏差。委托人和代理人双方效用的偏差，会使企业决策和委托人福利最大化的决策产生某些偏差。这种偏差，使委托人福利遭受的货币损失就是代理成本。代理成本包括三部分内容：一是委托人的监督成本，即委托人为激励和监督代理人为自己的利益工作而发生的成本；二是代理人的保证成本，即代理人保证其不损害委托人利益所付出的费用；三是剩余损失，即代理人的决策与委托人可能实现的效用最大化决策之间的差额。

委托代理理论认为委托人不是大公无私的，他们是在追求自己的利益，并且代理人和委托人的信息是不对称的：根据信息不对称发生的时间，我们把事前的信息不对称问题称为逆向选择，把事后的信息不对称称为道德风险；根据信息不对称的内容，我们把参与人的行动的信息不对称称为隐藏行动，把参与人的知识的信息不对称称为隐藏知识或隐藏信息，在企业委托代理关系中，逆向选择是指委托人由于委托人自身或者代理人故意隐瞒情况等原因，不掌握代理人的全部信息，不能预测代理人的行为，从而签订不利于委托人的委托代理契约。逆向选择造成委托人无法准确地选择具有高素质和高能力的代理人，劣币驱逐良币，会造成素质低、能力差的代理人充斥市场，降低经济效率和市场效率。道德风险是在委托代理关系双方签订合同以后，利用相对的私人信息优势，代理人从自身的个人私利出发，采取不利于委托人的行为，造成委托人的利益受损，也就是说代理人会利用自身的信息优势去追求自身效用最大化，而置委托人财富最大化于不顾，从而损害委托人的利益。股权激励机制的设计就是要在事前信息不对称的情况下选择出适合企业经营的合适的代理人（企业经营管理人员），在事后的信息不对称的情况下通过合理的激励机制设计让代理人（企业经营管理人员）努力工作。但是激励机制的设计必须满足两个条件：第一个约束条件是参与约束，即代理人从接受合同中得到的期望效用不小于其保留效用（不接受合同时能得到的最大效用）；第二个约束条件是激励相容约束，即代理人让委托人最满意的努力程度也是给他自己带来最大净收益的努力程度，委托人的最大效用只能通过代理人效用的最大化来实现。

由于委托人和代理人目标的不一致及双方的信息不对称，委托代理问题在现代公司中主要表现为代理人的道德风险。因此就需要设计一套合理的激励和约束机制使委托人和代理人双方的目标趋于一致，降低企业经营管理者的道德风险。激励机制可以有效地降低代理人的道德风险，主要由经营者的个人收入激励、职位消费激励和精神激励构成；而约束机制可以有效地防止道德风险的产生，主要包括契约和审计、公司治理机制约束和市场约束机制。具体到经营管理人员的激励设计应当包括：一是将部分股权售予高层经理人员；二是使报酬更富有刺激性；三是加强业主对经理人员的监督；四是建立所有者与经理人员的长期合作关系。因此建立合理的股权激励机制可以有效地缓解委托代理问题：第一，股权激励可以促使股东和高管利益一致，符合剩余索取权和剩余控制权相匹配的原则。复杂的现代企业剩余索取权归股东所有，部分剩余控制权归高管持有，也就是说重要的决策参与者并不持有剩余索取权。这种基于所有权和控制权的分离而产生的剩余索取权和剩余控制权的分离产生代理成本，股权激励可以有效地缓解剩余索取权和剩余控制权不一致的问题，降低代理成本。第二，股权激励可以降低信息不对称，通过代理人的报酬和企业的产出效率相关联，委托人可以更好地识别代理人的行动，降低了信息不对称的程度。股权激励就是承认企业家以其自身的人力资本折作股份，拥有企业的部分产权，将股权激励引入企业家人力资本的激励系统，可以构建多元化的企业家人力资本的报酬制度，把企业管理人员的个人利益与公司长期利益联系在一起。股权激励比如股票期权本身不得转让，它是一种权利和未来概念，体现了激励与约束并存、收益与风险对等的特点，因此股权激励不仅体现对企业管理层的激励，也是对管理层经营管理活动进行约束的一种制度安排。

　　股权激励在企业的运用可以缓解企业的代理问题，具体运用上形成了以下几种理论：一是显性激励机制理论。在静态博弈中，假定委托代理双方的委托代理关系是一次性的或是临时的，委托人准确了解代理人的隐藏信息（如能力）和隐藏行动（如工作态度），只能根据可观测的行动结果对代理人予以奖惩，在委托人与代理人签订的契约中，代理人的报酬与业绩直接挂钩，从而使得代理人在追求自身利益最大化的动机支配下，选择符合委托人利益的行动。二是隐性激励机制理论。隐性激励机制假定委托代理双方签订长期的合作契约，在重复的动态博弈中，即使委托人没有与代理人签订显性激励契约，长期契约本身也可能会解决代理问题。一方面委托人可以通过长期的观察了解、推断代理人的努力程度，降低了双方信息的不对称程度；另一方面，长期契约向代理人提供了一定程度的职业保险，代理人出于对自己的职业声望的考量，会自觉遵守契约，降低了代理人道德风险，帕累托最优一阶风险分担和激励是可以实现的。经理人市场对经理人市场价值的评价取决于其过去的工作业绩，构成对代理人行为的约束。长期来看，经理人为了自身的价值，会积极工作以提升其市场声誉，提升其在经理人市场中的价值，这就是市场声誉效应。棘轮效应认为如果委托人根据代理人过去的业绩对代理人做出评价，会降低代理人的工作积极性，只有努力工作才能取得好的业绩，好的业绩会导致评价标准的提高，评价标准的提高会降低代理人工作的积极性。因此长期契约可以导致代理人道德风险的增加，降低代理人工作的积极性。三是自我强迫实现机制理论。有效的激励机制设计必须满足两种约束——个人理性约束和激励相融约束。个人理性约束，或称为参与约束是指委托人必须提供足够的激励，使代理人参与双方契约所得到的效用，比拒绝时得到的效用要大。激励兼容约束是指激励机制必须提供足够的激励，使得代理人在努力工作时得到的效用，比采取偷懒时得到的效用要大。股权激励机制必须提供足够的激励消除委托人与代理人之间的信息不对称，以及由隐藏信息所导致的道德风险。在激励机制同时满足参与约束和激励相容约束两种约束时，代理人便会自发地实施自我强迫实现机制。四是锦标制度理论。在锦标制度下，代理人的报酬取决于他在所有代理人中的相对业绩的排名，与绝对业绩无关。只有代理之间的业绩具有可比性时，代理人的业绩相关时，锦标制度才是有效。锦标制度可以剔除更多的不确定性因素，从而使委托人对代理人的判断更为准确。

二、公司治理理论

公司治理理论是企业理论的重要组成部分。公司治理，又称法人治理结构、公司治理结构，是一个多角度、多层次的概念。公司治理结构是指有关公司董事会的功能与结构、股东的权力等方面的制度安排；广义地讲，是指有关公司控制权和剩余索取权分配的一整套法律、文化和制度性安排，是企业控制权、风险和收益在企业利益相关者之间的分配，是企业所有权安排的具体化。公司治理是指所有者（主要是股东）通过股东大会、董事会、监事会对经营者、管理层的一种监督与制衡机制，广义的公司治理则是通过内外部的制度或机制来协调公司与所有利益相关者（股东、债权人、供应者、雇员、政府、社区）之间的利益关系。公司治理结构是指由所有者、董事会和高级执行人员即高级经理人员三者组成的一种组织结构完善公司治理结构就是明确划分股东、董事会、经理人员各自权力、责任和利益，从而形成三者之间的关系。公司治理结构是所有者对一个企业的经营管理和绩效进行监督和控制的一整套制度安排。公司治理是股东（投资者）保证自身投资收益的方式。由于代理问题造成的逆向选择，无法保证外部投资者的利益不会由于管理层的败德行为而受到损害为了保证外部投资者的利益不受到管理层的侵害，就需要建立合理的公司治理机制，赋予外部投资者一些权利，一方面给予外部投资者强有力的法律保护；另一方面使所有权集中，形成强大投资者（大股东）这就是公司治理的两种主要模式。

从公司治理的具体形式、制度功能、理论基础、基本问题和潜在冲突五个方面把公司治理的定义分为五类，其具体内容如表 5-1 所示。

表 5-1 公司治理的不同理解

研究角度	定义的侧重点
公司治理的具体形式	公司接管市场/产品市场、投资者、"三会"
公司治理的制度功能	制度安排、权利配置、相互关系
公司治理的理论基础	委托代理理论、企业家理论、产权理论
公司治理的基本问题	利益相关人决策中产生的具体问题
公司治理的潜在冲突	公司管理的冲突、所有权与控制权分离带来的问题

公司治理是协调股东和其他利益相关者相互之间关系的一种制度，涉及指挥、控制和激励等方面的内容。

公司治理应把握以下几点：一是公司治理的起因是所有权和经营权的分离，公司治理机制就是为解决所有权和经营权分离而产生的股东、董事和经营管理者的利益不一致问题而设计的。二是公司治理的功能是配置权、责、利公司治理的首要功能，就是在股东、董事和经营管理者之间配置企业的剩余控制权（合同未预期的决策权）。股东拥有最终控制权，董事拥有授予剩余控制权，而经理则拥有实际剩余控制权拥有了权力，也就承担了资产使用的责任，为了有使决策者尽责尽力地激励，所有权的另一内容就是给予所有者剩余索取。各种行为人都有自己的利益，与整体利益之间常常会有矛盾和冲突，公司治理的一项重要作用，就是安排和协调好这些利益关系，并让它们与控制权安排匹配起来。三是公司治理的本质是一种契约关系公司的治理安排，以公司法和公司章程为依据，在本质上是一种不完全的契约关系，它们只给出关系框架，确定用于决策和利益分享、成本分摊的机制，而不能对企业具体的经营行为作预先规定公司治理以不完备契约规范公司各利益相关者之间的关系，可以实现公司节约交易成本的比较优势。

公司治理模式的形成和演进是一种适应性改变的过程，是针对问题的解决方案不断被现实接受并固化为制度的过程。企业在创业初期大都采用家族控制的公司治理模式，随着公司扩张所需资金的不断增加，公司需要通过资本市场进行直接融资，或者通过金融机构进行间接融资—由于各国法律和市场环境的不同，资本市场完善程度不同，银行业介入企业管理的程度不同，形成了三种有代表性的公司治理模式：家族模式、英美模式、德日模式。

（一）家族模式

家族模式是公司治理的早期模式，以广泛分布于东南亚国家的家族企业为代表，又叫东南亚模式家族控制的公司所有权与经营权没有实现分离，公司与家族合一，公司的主要控制权在家族成员中分配。家族模式的公司中，公司的所有权主要集中在有血缘关系的家族成员中，主要经营管理权由家庭成员把持，公司的决策程序按家族程序进行，企业的决策受家长的影响较大，经营者激励受家族利益和亲情的双重激励和约束，企业受到外部的监督弱化。

（二）英美模式

英美模式也叫市场控制模式，其核心是依赖于发达的资本市场，具有股东多元化、股权分散化和股权流动性强的特点，股东对管理层的监督机会较少，管理层的业绩体现在股价上，股东对管理层的业绩不满时，会引起股价的下跌，公司控制权、市场并购的威胁成为激励管理层努力工作的压力和动力。

英美公司内部治理结构是一种股东主权主义的制度安排。股东大会、董事会、管理层依法具有层级制衡关系。股东大会是公司的最高权力机构,董事会是股东大会的常设机构,不设监事会,是一元制的公司治理结构董事会的职权是由股东大会授予,既具有决策职能,也具有监督职能为厂避免两种职能的矛盾,董事会中引入了大量独立董事,下设各种专门委员会,其中审计委员会、薪酬委员会和提名委员会全部由外部董事组成。

(三) 德日模式

德日模式也叫关系控制模式、银行控制主导模式。与英美模式不同,德日公司股权结构的特点是股权相对集中、公司间交叉持股的现象普遍和股权缺乏流动性。德日公司的外部治理不依赖发达的资本市场,公司的利益相关者对公司的控制力较强,法人相互持股现象较为突出。德国公司内部治理的最大特点是双层委员会结构,监事会与管理委员会分离,监事会通常由股东和劳动者代表所构成,不介入日常经营,但有权要求对重大交易进行审批;管理委员会作为公司的法律代表负责管理工作,负责报告公司的发展战略、盈利、重大决策等,成员由监事会任命。

日本的公司治理模式和德国相似,日本采用股东大会、董事会、监察人分立的公司治理结构日本采取主银行制,形成了一个以银行为中心企业间相互持股的银行、企业之间的关系网络。日本采用外部监察人制度,强化了监察人对企业业务和会计的监察权。

我国上市公司的治理模式不是像前述三种模式那样由市场发育演进而来,而是制度设计的结果,兼具英美模式和德日模式的特点。我国上市公司的股权特点是股权集中度较高、国有控股企业的国家所有权缺位现象较普遍、国有股权的流通性较差。

股权激励是在有限的股权资源基础上,改变其配置结构,将企业管理者纳入企业所有者的利益轨道上来,最大限度地降低代理成本。股权激励本质上属于公司治理范畴。完善公司治理结构,建立所有者与经营者之间的制衡关系是现代公司制度的核心。现代公司区别于传统公司的主要特征就是所有权与控制(经营)权发生分离。在典型的股份公司运作中,股东通过董事会将管理权授予经理层,由于所有权和经营权相分离,公司大股东追求股东价值最大化,管理者则追求自身报酬的最大化和人力资本的增值。对于这一矛盾,只有靠建立好的公司治理机制才能解决,而公司治理机制中很重要的内容就是激励和约束机制。

公司治理问题分为两类:一类是代理型公司治理问题;另一类是剥夺型公司治理问题;两类公司的特征在好的公司治理结构中,必然有精心设计的激励机制,用以协调所有者和经营者之间的矛盾,使二者利益趋向一致,达成追求股东价值最大化的目标。在所有的激励手段中,股权激励作为一种长期激励机制,是完善公司治理的重要手段,股权激励协调公司高层管理层利益、股东利益与上市公司价值之间的一致性问题。企业的经营活动受多种因素影响，但股权激励制度安排有助于引导企业高层管理者行为朝股东价值最大化方向努力，是支撑企业管理层理性配置企业驱动资产的关键。

20世纪80年代后期，在英美出现的实现股东价值最大化的公司治理运动中，一项重要内容就是授予公司高管更多的股票和股票期权，使其收益和绩效直接挂钩。股权激励是一种优化激励机制效应的制度安排，在很大程度上解决了企业代理人激励约束相容问题，得到了长足的发展，股权激励制度已经成为现代公司特别是上市公司用以解决代理问题和道德风险的不可或缺的重要制度安排。

公司治理通过一整套包括正式或IE正式的、内部的或外部的制度或机制来协调公司与所有利益相关者之间的利益关系，以保证公司决策的科学化，从而最终维护公司各方的利益。公司治理体现在上市公司是否具有一套完善的决策与监督制衡机制，以实现利益相关者的价值最大化。良好的公司治理能够对经理人产生监督与制衡作用，进而对经理人的机会主义行为形成有效的遏制，遏制企业的投资过度，改善企业投资不足，提高企业的投资效率。

公司治理是对企业进行综合管理的一种机制。从管理学的角度形成了三种有代表性的理论：一是科学管理理论。人的一切行为都是为了最大限度地满足个人私利，工作是为了获得经济报酬，激励措施能满足人的物质利益需要就可以调动人的积极性。科学管理理论忽视了人的社会性和人的精神需要。二是社会人的管理激励理论。影响人积极性的因素除物质条件外，还有社会心理因素、良好的人际关系等人除了经济利益动机，还有社会动机和人际交往动机。三是复杂人的管理激励理论。人的需要是多样的，动机是复杂的，激励对人的满足程度因人而异。因此要采取多种激励措施对不同的人进行激励。

第六章　股权投资基金的内部管理与行业自律

第一节　股权投资基金的内部管理

一、投资者关系管理

（一）投资者关系管理的概念和意义

投资者关系管理的概念和意义如下表6-1所示。

表6-1　投资者关系管理的概念和意义

概念	投资者关系管理是指基金管理人通过充分的沟通与信息披露，向基金投资者详尽地展示基金的经营情况和发展前景，从而增加基金投资者对基金与管理人的了解以及投资者与管理人之间的相互联系 作用：基金管理人向基金投资者传递基金信息、了解和收集基金投资者的需求、对基金投资者进行持续的教育 基本原则：公开、公正、准确、及时、具有前瞻性
意义	投资者关系管理的意义主要体现在以下三个方面： 1. 有利于促进管理人与投资者之间的良性关系，增进投资者对管理人及基金的进一步了解 2. 有利于基金管理人建立稳定和优质的投资者基础，获得长期市场支持 3. 有利于增加基金信息披露的透明度，实现基金管理人与投资者之间的有效信息沟通

（二）各阶段与投资者互动的重点

基金管理人在各阶段与基金投资者互动的重点，如下表6-2所示：

表 6-2 基金管理人在各阶段与基金投资者互动

股权投资基金募集期间	在股权投资基金的募集期间，基金管理人与投资者之间充分的了解是建立良好投资者关系的前提条件，此阶段的重点包括以下四个方面： 1. 基金管理人应充分了解投资者，建议投资者进行合理的资产配置，主要了解投资者的类型、投资理念、投资目标、投资策略、风险承受能力和资产流动性安排等情况 2. 基金管理人开展投资者教育，介绍股权投资基金的基础知识，普及股权投资的相关法律常识，重点提示股权投资基金的投资风险 3. 帮助投资者对基金管理人进行充分调研（即反向尽调），深入调研基金管理人的制度完备情况、既往资产管理业绩表现、核心团队成员从业经历、拟投资领域、项目可行性研究等方面，判断基金管理人的投资管理能力 4. 帮助投资者充分理解股权投资基金的协议约定，主要包括基金合同、基金募集推介资料、风险揭示书、风险问卷调查等，明确告知该项投资没有任何业绩承诺
股权投资基金运行期间	在股权投资基金运行期间，投资者关系管理一般包含以下四个方面： 1. 基金管理人召集基金年度会议（每年至少一次），由基金管理人的高级管理人员和核心团队成员向投资者介绍基金投资策略、行业发展、投资机会和进展、基金基本情况、已投项目公司的经营情况、基金财务状况等 2. 基金管理人发布定期报告（准确、及时、具有前瞻性），披露基金基本情况、投资进展、项目情况、相关财务数据，以及报告期间项目退出预期、退出方式、已向投资者返还的投资本金和收益情况等 3. 基金管理人告知重大事项，包括提款通知、分配通知、合伙人变动通知、基金投资策略转变、基金投资项目重大进展、基金管理人核心员工变动、基金托管机构变更、基金清算、基金其他重大事项等 4. 基金管理人需遵循公平原则和相应法律、法规的要求，应答和妥善处理投资者的需求，保密信息需做到不披露

二、基金权益登记

股权投资基金的权益登记，是指权益登记机构为投资者登记办理因参与、退出基金等而产生的权益变更登记行为。

基金权益登记具有确定和变更基金投资者权益的法律效力，是保障基金投资者合法权益的重要环节。

根据基金组织形式的不同，公司型股权投资基金、合伙型股权投资基金、信托（契约）型股权投资基金在权益登记环节各有不同的要求和特点，如下表 6-3 所示。

表 6-3 基金权益登记

权益登记	公司型	合伙型	信托（契约）型
增减变化	公司型基金实行注册资本认缴制。 1. 增资：有限责任公司由原有股东/其他人出资；股份有限公司采取发行新股； 2. 减资：减少出资总额，改变原出资比例；减少各股东出资，出资比例维持不变； 决策程序：有限责任公司须经代表 2/3 以上表决权的股东通过；股份有限公司须经出席股东（大）会的股东所持表决权 2/3 以上通过。	合伙型基金实行承诺资本认缴制。 1. 新入伙：除合伙协议另有约定外，应当经全体合伙人一致同意；新合伙人以其认缴的出资额为限对入伙前合伙企业的债务承担责任； 2. 退伙：财产份额的退还办法由合伙协议约定或者由全体合伙人决定，可以退还货币或实物。	信托（契约）型基金通过基金投资者与基金管理人签订基金合同，承诺认缴金额。认缴出资及退出价格：由基金管理人按照合同约定的规则计算，基金托管人（如有）进行复核。
转让	根据受让人不同，分为：内部转让和外部转让。 1. 有限责任公司（人合性）：股东之间可以内部转让；外部转让需经其他股东过半数同意，且其他股东有优先购买权； 2. 股份有限公司（资合性）：股份转让的限制较少。	根据受让人的不同，分为以下两种情况： 1. 向其他合伙人转让（不影响合伙信任关系）：仅需通知其他合伙人； 2. 向第三人转让（会影响合伙信任关系）：需经其他合伙人一致同意，且其他合伙人有优先购买权。 如合伙协议另有约定，以约定为准。	一般情况下，基金份额转让只涉及出让方、受让方及基金管理人，无须征得其他投资者的同意。

续表

权益登记	公司型	合伙型	信托（契约）型
收益分配	两类公司型基金的收益分配略有不同。 1. 有限责任公司：只能采用现金分配，按股东实缴出资比例分配（公司章程可灵活约定）； 2. 股份有限公司：可以采用现金分配和以分红金额派发新股，按股东实际持股比例分配（公司章程可灵活约定）。	合伙型基金的收益分配顺序如下： 1. 依照合伙协议的约定； 2. 合伙协议未约定的，由合伙人迹通决定； 3. 协商不成的，按合伙人的实缴出资比例分配； 4. 无法确定出资比例的，由各合伙人平均分配。	信托（契约）型基金的收益分配顺序如下： 1. 由基金管理人、基金投资者及其他合同当事人（如有）在基金合同中的约定； 2. 按每份基金份额平均分配。
清算	公司型基金的清算原因主要包括：全部投资项目都已到期退出；营业期限届满；其他公司章程规定的解散事由。 资产分配顺序： 1. 支付清算费用、职工工资、社会保险费用、法定补偿金； 2. 缴纳所欠税款； 3. 清偿公司债务； 4. 剩余财产分配：有限责任公司按股东出资比例；股份有限公司按股东持股比例。	合伙型基金的解散原因主要包括：存续期届满且合伙人决定不再经营；全部投资项目到期退出；全体合伙人决定解散；法律、行政法规及合伙协议约定的其他解散事由。 合伙型基金解散，应当由清算人进行清算。清算期间，基金继续存续，但不得开展与清算无关的经营活动。 资产分配顺序： 1. 支付清算费用、职工工资、社会保险费用、法定补偿金； 2. 缴纳所欠税款； 3. 清偿公司债务； 4. 剩余财产分配：在合伙人之间进行分配。	信托（契约）型基金的清算原因主要包括：存续期届满；全部投资项目清算退出；合同约定的其他清算事由。 信托（契约）型基金的清算由清算小组负责。清算小组由基金管理人组织，并由基金管理人、基金托管人以及相关中介服务机构组成。 清算分配方案由基金合同约定。 清算小组编制清算报告，并向投资者披露。

续表

权益登记	公司型	合伙型	信托（契约）型
登记	公司型基金登记包括以下两个方面： 1. 设立：向工商行政管理机关办理注册登记手续； 2. 增资、减资、股权/股份转让、收益分配、终止清算：向工商行政管理机关办理工商变更登记、注销手续。 例外情况：股份有限公司除发起人以外的股东发生变更（不影响法人财产权），无须办理登记手续。	合伙型基金登记包括以下两个方面： 1. 设立：向工商行政管理机关办理注册登记手续； 2. 增资、减资、合伙人变更、终止清算：向工商行政管理机关办理工商变更登记、注销手续。	信托（契约）型基金无须向工商行政管理机关办理工商登记手续。 基金管理人自行或委托服务机构办理，但基金管理人的责任不因委托而免除。

三、基金的估值与核算

（一）基金的估值

股权投资基金的估值概念和估值原则，如下表6-4所示。

表6-4 股权投资基金的估值概念和估值原则

概念	股权投资基金的估值是指在基金存续期间，从整个基金的层面对基金所持有的全部资产及应承担的全部负债，按一定的原则和方法进行公允价值的确定，并最终确定基金资产净值。 公允价值是指市场参与者在计量日发生的有序交易（即正常交易）中，出售一项资产所能收到或转移一项负债所需支付的价格。 计算公式：基金资产净值=项目价值总和+其他资产价值-基金费用等负债

续表

原则	股权投资基金的估值侧重于在投资之后对投资项目价值进行持续评估，应当遵循的原则主要包括以下三个方面： 1. 若投资项目属于存在活跃市场的投资品种，则应当采用活跃市场的市价确定该投资项目的公允价值； 2. 若投资项目无相应的活跃市场，则应采用市场参与者普遍认同，且被以往市场实际交易价格验证具有可靠性的估值技术确定公允价值，尽可能考虑所有市场参数，并定期校验，确保其有效性； 3. 有充足理由表明按以上估值原则仍不能客观反映相关投资品种的公允价值的，基金管理人应在与相关当事人商定或咨询其他专业机构之后，按最能恰当地反映投资项目公允价值的价格估值。

在股权投资基金的存续期间的每个估值日，对各投资项目的公允价值进行评估时，资产通常是在投资后按照投资成本进行初始确认，负债则普遍采用计提或收付实现的方式，具体的估值方法如下表6-5所示。

表6-5 估值方法

成本法		成本法反映当前重置资产服务能力所需要的金额（通常称为"现行重置成本"），主要包括：复原重置成本法、更新重置成本法等。
市场法	有效市场价格法	适用于存在活跃市场的投资品种，如交易所上市股票。
	近期交易价格法	适用于相关投资项目发生交易之后一段有限的时间内。
	乘数法	通过分析可比公司指标（市盈率、市销率、市净率等）得到该公司在公开资本市场的隐含价值。 优点：基于市场公开信息，易于得到认可； 缺点：可比公司难以寻找，且其市场价值易受政策影响。 适用于稳定企业，且该企业有清晰、连续、可持续的盈利。
收入法		收入法是将投资项目的未来现金流折现到估值日。适用于增长稳定、业务简单、现金流平稳的企业。

（二）基金的核算

基金的核算主要包括基金费用、基金会计核算以及基金财务报告三个方面，如下表6-6所示。

表 6-6 基金的核算

基金费用	基金费用的类型主要包括以下三个方面： 1. 基金管理人的管理费； 2. 基金托管人的托管费； 3. 与基金运作相关的其他费用，包括：基金合同生效后的信息披露费用；与基金设立及运作过程相关的会计师费和律师费；基金相关账户开立费用及账户维护费用、银行汇划费用；基金管理及基金财产投资运用过程中产生的审计费、律师费、评估费等聘请中介机构的费用以及保险费、公证费、咨询费、财务顾问费及其他费用；基金合同终止时的清算费用；按照国家有关规定和基金合同的约定，可以在基金财产中列支的其他费用。 基金费用的计提主要包括以下两个方面： 1. 基金管理费与基金托管费：按照基金规模作为计算基数，或按照合同约定； 2. 其他费用：通常在发生时直接计入基金损益。
基金会计核算	基金会计核算是指收集、整理、加工有关基金投资运作的会计信息，准确记录基金资产变化情况，及时向相关各方提供财务数据的过程。 股权投资基金的会计核算主体：基金； 股权投资基金的会计责任主体：基金管理人（应对所管理的每只基金独立建账、独立核算）。 会计核算的主要内容包括以下四个方面： 1. 资产核算：定期或不定期进行，并于当日将增减值确认为公允价值变动损益； 2. 负债核算：基金必须履行的义务，如应付管理费、应付托管费、应付税费等； 3. 损益核算：反映投资经营情况，包含收入类和费用类，并在报告期末结转； 4. 权益核算：主要包括新投资者参与、老投资者退出、基金收益分配等。
基金财务报告	财务报告由基金管理人编制并对外提供，由基金托管人复核。 财务报告分为年度和半年度，主要包括资产负债表、利润表、现金流量表等会计报表和会计报表附注。

四、基金收益分配与清算

（一）基金收益分配

在确定股权投资基金的收益分配方式时，应当平衡基金投资者与基金管理人之间的利益关系，设置有效的激励机制，实现基金投资者与基金管理人的共赢，其基本概念和分配方式如下表6-7所示。

表6-7 基金收益分配

基本概念		基金管理人应与基金投资者进行充分的沟通与协商，确定收益分配的机制，并在基金合同中约定相应的基金条款，涉及的基本概念主要有以下五个方面： 1. 基金管理人的业绩报酬：基金管理人在为基金创造了超额收益后，参与到基金的收益分配中，常见为"二八模式"（基金收益或超额收益的20%分配给基金管理人，80%分配给基金投资者）； 2. 瀑布式的收益分配体系：项目投资退出的资金先返还投资者的全部本金，再向投资者分配门槛收益率（如有），最后向管理人分配基金收益； 3. 门槛收益率：在向基金投资者返还本金后，继续向投资者分配收益； 4. 追赶机制：在向基金投资者返还本金及门槛收益后，先行向管理人分配收益，直到达到门槛收益与当前"追赶"之和的既定比例； 5. 回拨机制：重新计算已分配的收益，如果投资者实际获得的收益率低于门槛收益率，或分配比例不符合基金合同的约定，基金管理人需将已分得的部分或全部业绩报酬后返还至基金资产，并分配给投资者。
收益分配方式	按照单一项目	该收益分配方式的具体分配流程主要包括以下四步： 1. 每个投资项目退出后，先向投资者分配，直至收回该退出部分对应的本金； 2. 剩余资金向投资者分配，用于弥补已处置项目的亏损，即回拨机制； 3. 剩余资金继续向投资者分配，直至收回本金及门槛收益； 4. 上述分配完成后，按照基金是否有追赶机制，采用如下不同方式进行分配： 无追赶机制：剩余资金在管理人和投资者之间分配； 有追赶机制：先向管理人分配，直至获得已分配门槛收益部分对应的业绩报酬；剩余资金再在管理人和投资者之间分配。 在该方式下，基金管理人针对每笔投资后的退出收益都参与收益分配，但会有回拨机制。
	按照基金整体	该收益分配方式的具体分配流程主要包括以下三步： 1. 每个投资项目退出后，先向投资者分配，直至收回全部本金； 2. 剩余资金继续向投资者分配，直至收回本金及门槛收益； 3. 上述分配完成后，按照基金是否有追赶机制，采用如下不同方式进行分配： 无追赶机制：剩余资金在管理人和投资者之间分配； 有追赶机制：先向管理人分配，直至获得已分配门槛收益部分对应的业绩报酬；剩余资金再在管理人和投资者之间分配。

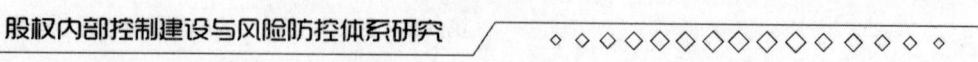

（二）基金清算

针对整个股权投资基金的清算，其基本含义、清算原因和清算程序如下表 6-8 所示。

表 6-8　基金清算

基本含义	基金清算是指基金存续期限面临终止，负有清算义务的主体，按照法律法规规定和基金合同约定的方式、程序对基金资产、负债、权益等进行全面的清理和处置。
清算原因	一般而言，股权投资基金清算的原因主要有以下四种： 1. 基金合同约定的存续期届满； 2. 基金全部投资项目都已经实现清算退出，且按照约定基金管理人决定不再进行重复投资； 3. 基金股东（大）会、全体合伙人或份额持有人大会决定基金清算； 4. 法律法规规定或基金合同约定的其他清算事由。
清算程序	1. 确定清算主体： 公司型基金应当成立清算组（有限责任公司的清算组由股东组成；股份有限公司的清算组由董事或股东大会确定的人员组成）；逾期不成立的，债权人可以申请人民法院指定。 合伙型基金由清算人负责（清算人由全体合伙人担任；经半数同意，可以指定一个或数个合伙人，或委托第三人）；未确定清算人的，合伙人或其他利害关系人可以申请人民法院指定。 信托（契约）型基金由清算小组负责（清算小组由基金管理人、托管人（如有）及相关人员组成），可以聘用必要的工作人员。 2. 通知债权人： 公司型基金和合伙型基金，如有未了结债务，清算主体应当按照法律法规的规定通知相应债权人。 3. 清理和确认基金财产： 清算主体应清理基金财产，编制资产负债表及其他财务报表，并制定分配方案。 4. 分配基金财产： 公司型基金和合伙型基金的分配顺序如下：支付清算费用、职工工资、社会保险费用、法定补偿金——缴纳所欠税款——清偿公司债务——分配剩余资产。 信托（契约）型基金的分配顺序如下：支付清算费用及其他应付费用——分配剩余资产。 5. 编制清算报告： 清算结束后，清算主体应当编制清算报告，履行通知及报备工作。

五、基金信息披露

（一）基金信息披露概述

基金信息披露的概述包括信息披露的定义、作用和原则，如下表 6-9 所示。

表 6-9　基金信息披露

定义	股权投资基金的信息披露，是指相关信息披露义务人按照法律法规、自律规则的规定与基金合同的约定，在基金募集、投资、运营等一系列环节中，向基金投资者进行信息披露的行为。
作用	规范及时的信息披露对基金投资者及股权投资基金市场意义重大，主要表现在以下三个方面： 有利于基金投资者做出理性判断； 有利于防范利益输送与利益冲突； 有利于促进股权投资基金市场的长期稳定。
原则	股权投资基金信息披露的原则体现在对披露内容和披露形式两方面的要求上。 披露内容上应遵循的原则：及时性、真实性、准确性、完整性、风险揭示、公平披露； 披露形式上应遵循的原则：规范性、易解性、易得性。

（二）基金信息披露的内容和安排

信息披露义务人、信息披露的内容和安排，如下表所示 6-10 所示。

表 6-10　基金信息披露的内容和安排

信息披露义务人	信息披露义务人，是指股权投资基金管理人、股权投资基金托管人，以及法律、行政法规、中国证监会和中国证券投资基金业协会规定的负有信息披露义务的法人和其他组织。
信息披露内容	一般来说，股权投资基金的信息披露通常包含以下三个方面的内容： 基金相关法律协议（基金合同、托管协议）及募集推介材料等； 基金运作期间相关的重要信息：包括基金的投资情况、收益分配情况、基金资产负债情况、基金主要财务指标、其他与基金投资者权益相关的重要信息等； 其他应当按照法律法规、监管机构以及自律组织的要求披露的信息。

续表

信息披露的安排	信息披露义务人在进行信息披露时，通常按照股权投资基金所处生命周期的不同阶段，披露不同的基金信息。 具体来说，可以将基金信息披露分成募集期间的信息披露、运作期间的定期披露、运作期间的临时披露三类： 募集期间的信息披露：包括基金的基本信息、投资信息、募集期限、出资方式、基金承担的费用情况、收益分配方式等； 运作期间的定期披露（季度、年度）：包括基金的基本信息、基金当事人以及相关服务机构的信息、基金已投资项目的基本情况、项目退出情况、基金会计数据和财务指标、利润分配情况、承担的费用情况、基金管理人报告信息等； 运作期间的临时披露（重大事项）：重大事项主要包括管理人和托管人发生重大事项变更、股权投资基金发生重大损失、管理费率或托管费率变更、清盘或清算、重大关联交易、提取业绩报酬等。

六、基金托管

（一）基金托管服务概述

基金托管服务的概述包括基金托管的含义、作用、托管资格的获取和基本原则，如下表6-11所示。

表6-11 基金托管服务

含义	股权投资基金托管，是指具有托管业务资格的商业银行或其他金融机构担任托管人，按照法律法规的规定及基金合同或托管协议的约定，对基金履行安全保管财产、开设基金资金账户、办理清算交割、复核审查资产净值、开展投资监督、召集基金份额持有人大会等职责。 股权投资基金的托管人是基金重要的当事人之一，全体投资者和基金管理人可以在基金合同中约定不进行托管（非强制），但应当在基金合同中明确保障基金财产安全的措施和纠纷解决机制。 在不进行托管的情况下，股权投资基金可以选择资产保管机构作为基金管理人的代理人，对基金资产承担保管职责。

续表

作用	基金托管制度的主要作用体现在以下三个方面： 完善基金治理结构：基金托管人具有基金当事人的法律地位，可以对基金管理人形成制衡； 提升基金运作专业化水平；基金托管人在资产保管、账户管理、基金估值、投资监督等方面具有较高的专业能力； 保障基金资产安全、保护基金投资者利益：基金托管人安全保管基金资产、复核基金管理人的估值结果、对管理人的投资行为进行监督，防止其滥用信息优势。
股权投资基金托管资格的获取	基金托管人必须由独立于基金管理人并具有一定资质的商业银行、证券公司等金融机构担任。 在我国，由中国证监会、中国银监会等监管机构负责基金托管资格的核准。 托管资格的适格条件主要包括：资本资产、组织机构设置和人力资源配备、业务系统、风险管理等。
原则	基金托管的基本原则主要包括：合规性、安全性、独立性、保密性。

（二）基金托管的服务内容

股权投资基金的托管服务包括以下七个方面：资产保管、账户管理、资金清算、投资监督、会计核算、基金估值和信息披露等。

1. 资产保管

是股权投资基金托管的基础服务，也是托管人的首要职责。根据资产类型的不同，保管载体与保管方式也有所不同：现金类资产，主要通过托管人为基金开立的托管账户；非现金类资产（如投资项目股权），主要通过保存股权凭证或权利证明文件。

针对基金财产的独立性，主要有以下四个方面的要求：

一是基金财产独立于托管人的固有财产，托管人不得将基金财产归入其固有财产；

二是基金财产的债权不得与托管人固有财产的债务相抵销；不同基金财产的债权债务不得相互抵销；

三是托管人必须将基金资产与其自有资产，以及不同基金的资产严格隔离；

四是不同基金之间在账户设置、资金划拨、账册记录等方面应完全独立，实行专户、专人管理。

2. 账户管理

基金资产账户主要包括基金托管账户以及投资交易可能用到的其他账户等。托管人以基金的名义在银行开立基金托管账户，作为基金名下资金往来的结算账户。

3. 资金清算

基金托管人执行基金管理人的投资指令、资金划拨指令等，没有自行运用、处分、分配基金财产的权利。

4. 投资监督

基金托管人有义务监督基金管理人的投资运作行为，如有违反国家法律法规或基金合同的，应拒绝执行并及时通知基金管理人。

5. 会计核算

托管人与管理人分别独立进行账簿设置、账套管理、账务处理及基金净值计算。托管人复核基金管理人的会计核算结果，主要包括基金账务、资金头寸、资产净值、财务报表、基金费用、收益分配等。

6. 基金估值

基金托管人复核管理人的估值核算结果。

7. 信息披露

按照合同约定，基金托管人定期向管理人提交基金托管报告，主要内容包括但不限于：股权投资基金托管资产运作情况、托管人应承担的托管职责履行情况等。基金托管人复核基金管理人编制的基金定期报告中与基金托管人相关的内容。

七、基金服务业务

（一）基金服务业务的发展背景

随着市场竞争与基金管理人的专业化经营，股权投资基金的运作管理向着"轻资产、重投资"的方向发展。为了使得基金管理人可以更好地专注于核心竞争力的提升，中国证券投资基金业协会也发布了基金服务业务相关的指引文件，这些都促进了整个股权投资基金行业的专业化分工。

（二）基金服务业务的含义和服务内容

基金服务业务，是指基金管理人将基金运作管理过程中部分支持性业务委托给基金服务机构的业务模式。

一般来说，基金服务业务的服务内容主要包括：基金募集、投资顾问、份额登记、估值核算、信息技术系统等，这些主要基金服务机构的相关法定职责及义务如下表所示6-12所示。

表6-12 基金服务机构法定职责及义务

基金服务机构	法定职责及义务	
基金募集机构	向投资者充分揭示投资风险；根据投资者的风险承担能力销售不同风险等级的基金产品。	基金服务机构应当勤勉尽责、恪尽职守； 建立应急等风险管理制度和灾难备份系统； 不得泄露与基金份额持有人、基金投资运作相关的非公开信息。
投资顾问	提供基金投资顾问服务，应当具有合理依据； 对其服务能力和经营业绩进行如实陈述； 不得以任何方式承诺或保证投资收益； 不得损害服务对象的合法权益。	
份额登记机构	建立并管理投资者的基金账户、负责基金份额的登记及资金结算、基金交易确认、代理发放红利、保管投资者名册等； 妥善保存登记数据，并将基金份额持有人名称、身份信息及基金份额明细等数据备份至中国证监会认定的机构；保存期限自基金账户销户之日起不得少于20年； 保证登记数据的真实、准确、完整，不得隐匿、伪造、篡改或损毁。	
估值核算机构	开展基金会计核算、估值、报表编制，相关业务资料的保存管理； 配合基金管理人聘请的会计师事务所进行审计。	
信息技术系统服务机构	提供的信息技术系统应当符合规定的要求； 应监管机构的要求提供信息技术系统的相关资料。	

基金服务机构开展上述基金服务业务的，应当按照相关法规的规定在中国证券投资基金业协会进行登记。

中国证券投资基金业协会为基金服务机构办理登记，不构成对基金服务机构服务能力、持续合规情况的认可，不作为对基金财产和投资者财产安全的保证。

（三）基金服务业务中基金管理人应承担的责任

为了更好地开展基金服务业务，基金管理人应当在业务开展前和业务开展过程中承担相应的责任。

基金管理人依法应当承担的职责不能因为委托而免除。

1. 开展基金服务业务前的准备工作

基金管理人应当对基金服务机构开展尽职调查，了解其人员储备、业务隔离措施、软硬件设施、专业能力、诚信状况等情况；并与基金服务机构签订书面服务协议，明确双方的权利义务及违约责任。

2. 开展基金服务业务时的持续评估

基金管理人应当建立对基金服务机构的持续评估机制，并定期对基金服务机构的业务开展情况进行检查。

（四）基金服务业务中可能存在的利益冲突

在开展基金服务业务的各个阶段，基金服务机构应强化基金服务业务的独立性要求，采取有效的内控与隔离措施，保障基金服务业务的独立运营，防范利益冲突和输送，具体要求主要包括如下四个方面：

1. 财产独立

基金服务业务所涉及的基金财产和投资者财产应当独立于基金服务机构的自有财产；基金服务机构破产或者清算时，基金服务业务所涉及的基金财产和投资者财产不属于其破产或清算财产。

2. 分账管理

基金服务机构应当对提供服务业务所涉及的基金财产和投资者财产实行严格的分账管理，确保基金财产和投资者财产的安全，任何单位或者个人不得以任何形式挪用基金财产和投资者财产。

3. 托管与服务业务分离

基金托管人不得被委托担任同一基金的基金服务机构，除非该托管人能够将其托管职能和基金服务职能进行分离，恰当地识别、管理、监控潜在的利益冲突，并披露给投资者。

4. 服务能力

基金服务机构应当具备开展服务业务的营运能力和风险承受能力，审慎评估基金服务的潜在风险与利益冲突，建立严格的防火墙制度与业务隔离制度，有效执行信息隔离等内部控制制度，切实防范利益输送。

八、基金业绩评价

（一）基金业绩评价的意义

对基金投资者而言，基金业绩评价可以帮助投资者了解已投资基金在市场上的业绩水平，并对未来回报水平进行一定的远期预测。

对基金管理人而言，基金业绩评价可以帮助管理人了解基金运营状况和可能存在的问题，有利于管理人针对性地开展投资后管理，并对投资策略进行调整和完善。

（二）基金业绩评价需考虑的因素

不同基金的投资领域、设立时间等均有较大差别，在进行业绩评价和比较时需综合考虑这两个方面的因素：

1. 投资领域因素

不同投资领域的股权投资基金由于其投资标的特点不同，其业绩评价也存在较大差异。

创业投资基金的特点：风险和期望收益均较高、可能会有超高倍数回报或血本无归、获得收益的时间较长；

并购基金的特点：投资项目的商业模式较为成熟、盈利预期度较好、流动性较好、期限通常短于创业投资基金。

在进行基金业绩比较时，应根据投资领域的不同采取不同的对标基准。

2. 时间因素

估值时点不同的基金，由于信息不透明，其业绩指标的波动较大；设立时间不同的基金之间，受宏观经济的影响，难以进行业绩比较。

因此，对股权投资基金的业绩比较应考虑两方面的时间因素：基金设立的时间尽量接近；业绩评价的时间尽量统一。

（三）基金业绩评价的指标

股权投资基金在投资期内完成资产配置，其业绩评价往往在基金退出期进行。由于股权投资基金的组织形式主要为合伙型基金，其在基金层面不缴纳所得税，因此在计算业绩评价指标时，也不考虑税负影响，均以税前所得作为计算基础。

股权投资基金的业绩评价指标主要包括内部收益率、已分配收益倍数和总收益倍数等，并与市场中同一年份内同类型基金整体指标情况进行综合比较，以此来确定该基金在当时时点的业绩表现水平。

九、基金管理人内部控制

（一）内部控制的基本概念及含义

股权投资基金管理人内部控制，是指股权投资基金管理人为防范和化解风险，保证各项业务的合法合规运作，实现经营目标，在充分考虑内外部环境的基础上，对经营过程中的风险进行识别、评价和管理的制度安排、组织体系和控制措施。

（二）管理人内部控制的作用

管理人内部控制的作用主要体现在以下四个方面：

一是保证管理人经营运作严格遵守国家有关法律法规和行业监管规则，自觉形成守法经营、规范运作的经营思想和经营理念。内部控制系统的目标是促进组织目标的实现，基金管理人必须服务法律法规、职业道德规划以及利益相关方之间的竞争因素等所施加的外部控制，引导所有员工形成自觉的规范运作理念。

二是管理经营风险，提高经营管理效益，确保经营业务的稳健运行，实现持续、稳定、健康发展。在风险评估的基础上，基金管理人通过加强内部控制，建立风险防范机制，主要内容包括：建立企业风险评估机构、制定防范或规避风险的措施、建立风险信息反馈机制、制定防范风险的奖惩制度等。

三是保障股权投资基金财产的安全、完整。在基金运营过程中，基金管理人以及项目负责人可能利用信息不对称发生道德风险和逆向选择，从而使基金财产遭受损失。为了防止上述风险的发生，基金管理人需要建立有效的内部控制机制来规避上述风险的产生，保障股权投资基金财产的安全。

四是确保基金和基金管理人的财务和其他信息真实、准确、完整、及时。内部控制系统必须与确保信息收集、处理和报告正确性的控制相联系，实现对公司经营管理责任的落实、对公司财产及业务活动的监督，从而提高市场运行和基金运作的效率。

（三）管理人内部控制的原则

管理人内部控制的原则，主要包括全面性原则、相互制约原则、执行有效原则、独立性原则、成本效益原则和适时性原则。

1. 全面性原则

内部控制应当覆盖包括各项业务、各个部门和各级人员，做到部门以及人员之间既相互牵制，又相互协调，保证经营管理活动连续、有效地进行；并涵盖资金募集、投资研究、投资运作、运营保障和信息披露等主要环节，以避免主要环节产生运营风险。

2. 相互制约原则

组织结构应当权责分明、相互制约。就具体的内部控制措施来说，相互制约须考虑横向控制和纵向控制两方面的制约关系：

（1）横向控制

完成某个重要环节的工作需求来自彼此独立的两个平行部门或人员协调运作、相互监督、相互制约、相互证明；

（2）纵向控制

完成某个工作需经过两个或以上的纵向岗位和环节，以使下级受上级监督，上级受下级牵制。

3. 执行有效原则

通过科学的内控手段和方法，建立合理的内控程序，维护内控制度的有效执行。基金管理人内部控制的有效性主要包含两层含义：

一是基金管理人所实施的内部控制政策与措施能否适应基金监管的法律法规要求；二是基金管理人内部控制在设计完整、合理的前提下，在基金管理的运作过程中，能够得到持续的贯彻执行并发挥作用，为实现提高公司经营效率、财务信息的可靠性和法律法规的遵守提供合理保证。

4. 独立性原则

各部门和岗位职责应当保持相对独立，基金财产、管理人固有财产、其他财产的运作应当分离。基金管理人按照其推行的管理模式设立相应的工作岗位，确保不相容职务的分离；建立不同资产运作的控制程序，提高相关岗位运作的独立性，防范可能出现的利益输送和利益冲突。

5. 成本效益原则

以合理的成本控制达到最佳的内部控制效果，内部控制与股权投资基金管理人的管理规模和员工人数等方面相匹配，契合自身实际情况。一般来说，对那些在业务处理过程中发挥作用大、影响范围广的关键控制点（如投资、研究和交易）应进行严格控制；对那些只在局部发挥作用、影响特定范围的一般控制点，只要能起到监控作用即可，不必花费大量的人力、物力进行控制。

6. 适时性原则

股权投资基金管理人应当定期评价内部控制的有效性，并随着有关法律法规的调整和经营战略、方针、理念等内外部环境的变化同步适时修改或完善。

（四）管理人内部控制的要素构成

股权投资基金管理人应从内部控制的内部环境、风险评估、控制活动、信息与沟通、内部监督等方面进行自律管理。

1. 内部环境

内部环境包括经营理念和内控文化、治理结构、组织结构、人力资源政策和员工道德素质等，是实施内部控制的基础。

2. 风险评估

基金管理人应当建立科学严密的风险评估体系，及时识别、系统分析经营活动中与内部控制目标相关的风险，合理确定风险应对策略。

3. 控制活动

根据风险评估结果，采用相应的控制措施，将风险控制在可承受范围之内，主要包括授权控制、财产分离制度、应急应变措施等。

4. 信息与沟通

基金管理人应当及时、准确地收集、传递与内部控制相关的信息，确保信息在内部、企业与外部之间进行有效沟通。

5. 内部监督

基金管理人应当建立有效的内部监控制度，对内部控制建设与实施情况进行周期性监督检查，评价内部控制的有效性，发现内部控制缺陷或因业务变化导致内控需求有变化的，应当及时加以改进、更新。

（五）管理人内部控制的主要控制活动要求

管理人内部控制应从业务流程控制、授权控制、募集控制、财产分离、防范利益冲突、投资控制、托管控制、外包控制、信息系统控制和会计系统控制等方面进行规范。

1. 业务流程控制

股权投资基金管理人应当建立科学严谨的业务操作流程，利用部门分设、岗位分设、外包、托管等方式实现业务流程的控制。

2. 授权控制

授权控制应当贯穿于股权投资基金管理人资金募集、投资运作、投资后管理和项目退出等主要环节的始终，其主要内容包括：

一是股东会、董事会、监事会和管理层应当充分了解和履行各自的职权，建立健全公司授权标准和程序，确保授权制度的贯彻执行；

二是各业务部门、分支机构和员工应当在规定授权范围内行使相应的职责；

三是重大业务的授权应当采取书面形式，授权书应当明确授权内容和时效；

四是授权要适当，对已获授权的部门和人员应建立有效的评价和反馈机制，对已不适用的授权应及时修改或取消。

3. 募集控制

股权投资基金管理人可以自行募集，也可以委托募集。

（1）自行募集

股权投资基金管理人自行募集股权投资基金的，应设置有效机制，切实保障募集结算资金安全，并建立合格投资者适当性制度。

（2）委托募集

股权投资基金管理人委托募集的，应当委托获得中国证监会基金销售业务资格且成为中国证券投资基金业协会会员的机构募集股权投资基金，并制定募集机构遴选制度，切实保障募集结算资金安全，并且确保募集机构向合格投资者募集、不变相进行公开募集。

4. 财产分离

股权投资基金管理人应当建立完善的财产分离制度，股权投资基金财产与股权投资基金管理人固有财产之间、不同股权投资基金财产之间、股权投资基金财产和其他财产之间要实行独立运作，分别核算。

5. 防范利益冲突

股权投资基金管理人应建立健全相关机制，防范管理的各股权投资基金之间的利益输送和利益冲突，公平对待管理的各股权投资基金，保护投资者利益。

6. 投资控制

股权投资基金管理人应当建立健全投资业务控制，保证投资决策严格按照法律法规的规定，符合基金合同所规定的投资目标、投资范围、投资策略、投资组合和投资限制等要求。

7. 托管控制

除基金合同另有约定外，基金财产应当由基金托管人托管，股权投资基金管理人应建立健全股权投资基金托管人遴选制度，切实保障资金安全。基金合同约定股权投资基金不进行托管的，股权投资基金管理人应建立保障股权投资基金财产安全的制度措施和纠纷解决机制。

8. 外包控制

股权投资基金管理人开展业务外包应制定相应的风险管理框架及制度。股权投资基金管理人根据审慎经营原则制定其业务外包实施规划，确定与其经营水平相适宜的外包活动范围。

股权投资基金管理人应建立健全外包业务控制，并至少每年开展一次全面的外包业务风险评估。在开展业务外包的各个阶段，关注外包机构是否存在与外包服务相冲突的业务，以及外包机构是否采取有效的隔离措施。

9. 信息系统控制和会计系统控制

股权投资基金管理人自行承担信息技术和会计核算等职能的，应建立相应的信息系统和会计系统，保证信息技术和会计核算等的顺利运行。

第二节 股权投资基金的行业自律

一、行业自律概述

在现行的法律法规体系下，依据法律授权，中国证券投资基金业协会是我国基金行业的自律组织。

（一）中国证券投资基金业协会的性质

中国证券投资基金业协会依据有关规定设立，由基金行业相关机构自愿结成全国性、行业性、非营利性社会组织，从事非营利性活动，其性质主要包括以下三个方面：

1. 法定自律组织

所谓自律，是指由协会会员通过订立章程对协会进行自我管理、自我约束，但不否定有关部门依法对其进行行政上的监督管理。

2. 社会团体法人

社会团体法人的主要特点如下：

一是市场主体自愿成立；二是自愿成立的成员自愿出资成立自己的团队财产或者基金，该财产或者基金属于团体所有；三是成员共同制定团体的章程；四是以自己所有的财产承担民事责任；五是不以盈利为目的。

3. 会员制

基金业协会采用会员制，其中：证券投资基金管理人、基金托管人须加入基金业协会成为会员；股权投资基金管理人、基金服务机构是否加入基金业协会由其自行决定。

基金业协会会员可以分为普通会员、联席会员、观察会员、特别会员，其中：普通会员包括公募基金管理人、基金托管人、符合协会规定条件的私募基金管理人；联席会员包括基金销售、评价、支付结算、投资咨询、信息技术服务、律师/会计师事务所等基金服务机构；观察会员包括不符合普通会员条件的其他私募基金管理人；特别会员包括证券期货交易所、登记结算机构、指数公司、经副省级以上人民政府民政部门登记的各类基金行业协会、境内外其他特定机构投资者等。

（二）中国证券投资基金业协会的组成

中国证券投资基金业协会的权力机构为全体会员组成的会员大会，同时设立理事会和监事会，具体要求如下：

1. 会员大会

基金业协会的最高权力机构是会员代表大会（会员大会是全体会员召开的大会，而会员代表大会是由全体会员选举产生的部分会员召开的大会），负责制定和修改章程，其行使的职权包括：选举和罢免理事、监事；审议理事会工作报告和财务报告，审议监事会工作报告；制定和修改会费标准；决定本团体的合并、分立、终止事项；决定其他应由会员代表大会审议的重大事宜。

2. 理事会

理事会是会员代表大会闭会期间的执行机构，在会员代表大会闭会期间领导本团体开展日常工作，对会员代表大会负责。理事会由会员理事和非会员理事组成，其中会员理事由会员代表大会选举产生，非会员理事由中国证监会委派。理事会的职权包括：筹备召开会员代表大会，向会员代表大会报告工作；贯彻、执行会员代表大会的决议；审议通过自律规则、行业标准和业务规范；选举和罢免本团体会长、副会长、秘书长；决定副秘书长、各专业委员会主要负责人；提议召开临时会员代表大会；决定办事机构和专业委员会的设立、变更和注销；审议年度工作报告、工作计划和财务报告；审议年度财务预算、决算；审议会长办公会提请审议的各项议案；决定其他应由理事会审议的重大事项。

3. 监事会

监事会是基金业协会的监督机构，对会员代表大会负责，监督基金业协会各项执行工作。监事会的职权包括：监督本团体章程、会员代表大会各项决议的实施情况并向会员代表大会报告；列席理事会会议，监督理事会的工作；选举和罢免监事长、副监事长；审查本团体财务报告并向会员代表大会报告审查结果；向会员代表大会、中国证监会和民政部以及税务、会计主管部门反映本团体工作中存在的问题，并提出监督意见；决定其他应由监事会审议的事项。

（三）中国证券投资基金业协会的工作职责

依据《证券投资基金法》以及基金业协会章程的规定，中国证券投资基金业协会的工作职责主要包括以下八个方面：

一是教育和组织会员遵守有关证券投资的法律、行政法规，维护投资人合法权益；

二是依法维护会员的合法权益，反映会员的建议和要求；

三是制定和实施行业自律规则，监督、检查会员及其从业人员的执业行为，对违反自律规则和协会章程的，按照规定给予纪律处分；

四是制定行业执业标准和业务规范，组织基金从业人员的从业考试、资质管理和业务培训；

五是提供会员服务，组织行业交流，推动行业创新，开展行业宣传和投资人教育活动；

六是对会员之间、会员与客户之间发生的基金业务纠纷进行调解；

七是依法办理非公开募集基金的登记、备案；

八是协会章程规定的其他职责。

我国目前股权投资基金行业自律组织的行业自律内容主要集中在募集、合格投资者准入、信息披露、内控管理、合同指引、服务业务管理等方面，从募集程序的合规性、合格投资者的筛选、信息披露的基金内容和频度、基金管理人的内部控制、基金合同的基本内容、服务业务管理等方面指导行业内的参与者，加强行业的规范性。

二、登记与备案

（一）登记与备案的原则和基本要求

在中国境内开展各类非公开募集的基金管理业务，需在基金业协会登记为基金管理人。基金管理人登记办结后，方可进行基金的募集。基金成立后，基金管理人应当对基金进行备案。涉及股权投资基金管理人登记和基金备案的原则和基本要求如下：

1. 登记与备案的原则

基金管理人取得营业执照后，在进行基金的募集前，应当及时向基金业协会进行登记；未经登记，不得进行基金的募集。登记申请材料不完备或不符合规定的，基金管理人应当根据协会要求及时补正。申请登记期间，登记事项发生重大变化的，基金管理人应当及时告知协会并变更申请登记内容。基金管理人在办结登记手续之日起6个月内，仍未备案首只私募基金产品的，协会将注销该基金管理人的登记。

基金管理人变更控股股东、实际控制人或法定代表人（执行事务合伙人）的，应当在完成工商变更登记后10个工作日内，通过资产管理业务综合报送平台向协会进行重大事项变更。各类私募基金募集完毕后20个工作日内，基金管理人应对所募集的基金进行备案。

2. 登记与备案的基本要求

（1）主体资格要求

基金管理人只能为依法设立的公司或合伙企业，自然人不能登记为基金管理人。

（2）专业化经营要求

基金管理人的主营业务应为私募基金管理业务，不得兼营与私募基金无关的业务；基金管理人的名称和经营范围中应当包含"基金管理""投资管理""资产管理""股权投资""创业投资"等与基金投资管理业务相关的字样；同一基金管理人不可兼营多种类型的基金管理业务。

（3）防范利益冲突要求

不得兼营"投资咨询"业务；不得兼营民间借贷、民间融资、配资业务、小额理财、小额借贷、P2P/P2B、众筹、保理、担保、房地产开发、交易平台等业务。

（4）运营基本设施和条件要求

基金管理人应当具备开展基金管理业务的从业人员、经营场所、内控制度、资本金等。

（二）登记与备案的方式和内容

1. 登记与备案的方式

基金管理人进行登记与基金备案，主要通过基金业协会的资产管理业务综合报送平台提交相关材料或信息。

基金管理人提供的登记申请材料完备的，基金业协会应当自收齐登记材料之日起20个工作日内，以通过网站公示基金管理人基本情况的方式，为基金管理人办结登记手续（公示信息包括基金管理人的名称、成立时间、登记时间、住所、联系方式、主要负责人等基本信息以及基本诚信信息）。

经登记后的基金管理人依法解散、被依法撤销或者被依法宣告破产的，基金业协会应当及时注销基金管理人登记。

基金业协会可以采取约谈高级管理人员、现场检查、向中国证监会及其派出机构、相关专业协会征询意见等方式对基金管理人提供的登记申请材料进行核查。

股权投资基金材料完备且符合要求的，基金业协会应当自收齐备案材料之日起20个工作日内，以通过网站公示股权投资基金基本情况的方式，为股权投资基金办结备案手续（公示信息包括股权投资基金的名称、成立时间、备案时间、主要投资领域、基金管理人及基金托管人等基本信息）。

2. 登记与备案的内容基金

管理人登记的内容：工商登记和营业执照正副本复印件；公司章程或合伙协议；主要股东或合伙人名单；高级管理人员的基本信息；基金管理人的基本制度；法律意见书；基金业协会要求提交的其他材料。

基金备案的内容：主要投资方向及根据主要投资方向注明的基金类别；基金合同、公司章程或合伙协议（资金募集过程中向投资者提供基金招募说明书的，应当报送基金招募说明书；以公司、合伙等企业形式设立的股权投资基金，还应当报送工商登记和营业执照正副本复印件）；委托管理协议（如有）；托管协议（如有）；基金业协会规定的其他信息。

基金运行期间，如发生以下重大事项的，应当在5个工作日内向基金业协会报告：基金合同发生重大变化；基金发生清盘或清算；基金管理人、基金托管人发生变更；对基金持续运行、投资者利益、资产净值产生重大影响的其他事件。

为了进一步完善股权投资基金登记备案制度，引导基金管理人规范其自身和基金的治理，基金业协会引入法律中介机构，要求律师事务所按照证券法律服务的标准对基金管理人进行尽职调查并出具核查的法律意见书，其重点内容如下：

1. 设立与存续

是否依法在中国境内设立并有效存续。

2. 经营范围

申请机构的工商登记文件所记载的经营范围是否符合国家相关法律法规的规定（申请机构的名称和经营范围中是否含有"基金管理""投资管理""资产管理""股权投资""创业投资"等与基金管理人业务属性密切相关的字样；以及基金管理人名称中是否含有"私募"相关字样）。

3. 专业化经营

是否符合《私募投资基金监督管理暂行办法》第二十二条专业化经营原则，说明申请机构主营业务是否为私募基金管理业务；申请机构的工商经营范围或实际经营业务中，是否兼营可能与私募投资基金业务存在冲突的业务、是否兼营与"投资管理"的买方业务存在冲突的业务、是否兼营其他非金融业务。

4. 境外股东

申请机构是否有直接或间接控股或参股的境外股东；若有，应说明穿透后其境外股东是否符合现行法律法规的要求和基金业协会的规定。

5. 实际控制人

申请机构是否具有实际控制人；若有，请说明实际控制人的身份或工商注册信息，以及实际控制人与申请机构的控制关系，并说明实际控制人能够对机构起到的实际支配作用。

6. 子公司、分支机构和其他关联方

申请机构是否存在子公司（持股5%以上的金融企业、上市公司及持股20%以上的其他企业）、分支机构和其他关联方（受同一控股股东/实际控制人控制的金融企业、资产管理机构或相关服务机构）；若有，请说明情况及其子公司、关联方是否已登记为基金管理人。

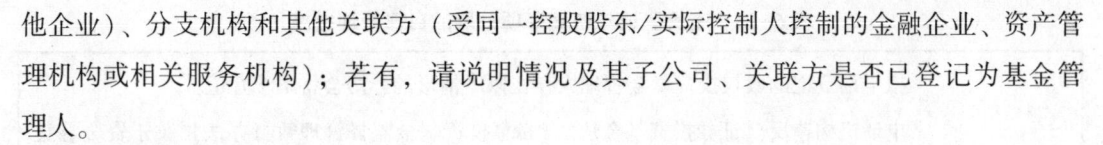

7. 运营设施和条件

申请机构是否按规定具有开展私募基金管理业务所需的从业人员、营业场所、资本金等企业运营基本设施和条件。

8. 风险管理和内部控制制度

申请机构是否已制定风险管理和内部控制制度。是否已经根据其拟申请的私募基金管理业务类型建立了与之相适应的制度，包括：运营风险控制制度、信息披露制度、机构内部交易记录制度、防范内幕交易、利益冲突的投资交易制度、合格投资者风险揭示制度、合格投资者内部审核流程及相关制度、私募基金宣传推介、募集相关规范制度等。

9. 外包服务

申请机构是否与其他机构签署了基金外包服务协议，并说明其外包服务协议情况是否存在潜在风险。

10. 高管人员

申请机构的高管人员是否具备基金从业资格，高管岗位设置是否符合基金业协会的要求［高管人员包括：法定代表人/执行事务合伙人委派代表、总经理、副总经理（如有）和合规/风控负责人等］。

11. 负面记录

申请机构是否受到刑事处罚、金融监管部门行政处罚或者被采取行政监管措施；申请机构及其高管人员是否受到行业协会的纪律处分；是否在资本市场诚信数据库中存在负面信息；是否被列入失信被执行人名单；是否被列入全国企业信用信息公示系统的经营异常名录或严重违法企业名录；是否在"信用中国"网站上存在不良信用记录等。

12. 涉诉或仲裁

申请机构最近3年涉诉或仲裁的情况。

13. 申请材料

申请机构向基金业协会提交的登记申请材料是否真实、准确、完整。

14. 其他

经办执业律师及律师事务所认为需要说明的其他事项。如果发生违反登记与备案事项的，协会应采取自律管理措施，如下表6-13所示。

表6-13 违反登记与备案事项采取的自律管理措施

不予登记	拟申请登记的股权投资基金管理人存在以下情形的，协会将不予登记： 申请机构违反《证券投资基金法》《私募投资基金监督管理暂行办法》关于资金募集相关规定，在申请登机前违规发行私募基金，且存在公开宣传推介、向不合格投资者募集行为的； 申请机构存在虚假填报、恶意欺诈等行为。申请机构提供，或申请机构与律师事务所、会计师事务所及其他第三方中介机构等串谋提供虚假登记信息，或提交的登记信息存在误导性陈述、重大遗漏的； 申请机构兼营民间借贷、民间融资、配资业务、小额理财、小额借贷、P2P/P2B、众筹、保理、担保、房地产开发、交易平台等与私募基金业务相冲突业务的； 申请机构被列入企业信用信息公示系统严重违法企业公示名单的； 申请机构的高管人员最近三年存在重大失信记录的，或最近三年被中国证监会采取市场禁入措施； 证监会和基金业协会认定的其他情形。
暂停受理私募基金产品备案申请	已登记的基金管理人存在如下情况之一的，在完成整改前，协会将暂停受理该机构的私募基金产品备案申请： 基金管理人未按时履行季度、年度和重大事项信息报送更新义务的； 已登记的基金管理人因违反《企业信息公示暂行条例》相关规定，被列入企业信用信息公示系统严重违法企业公示名单的； 已登记的基金管理人未按要求提交经审计的年度财务报告的。
将管理人列入异常机构对外公示	已登记的基金管理人存在如下情况之一的，协会将其列入异常机构名单，并通过私募基金管理人公示平台对外公示，一旦基金管理人作为异常机构公示，即使整改完毕，至少6个月后才能恢复正常机构公示状态： 基金管理人未按时履行季度、年度和重大事项信息报送更新义务累计达2次的； 已登记的基金管理人因违反《企业信息公示暂行条例》相关规定，被列入企业信用信息公示系统严重违法企业公示名单的； 已登记的基金管理人未按要求提交经审计的年度财务报告的。

三、募集行为管理

中国证券投资基金业协会发布的《私募投资基金募集行为管理办法》，明确了合法募集主体、合格投资者标准、股权投资基金募集程序以及从事股权投资基金募集的禁止性行为和推介渠道，具体如下表所示6-14所示。

表6-14 募集行为管理

募集主体	可以从事股权投资基金募集行为的合格主体有以下两类： 1. 基金管理人； 2. 基金销售机构。 股权投资基金管理人委托募集的，应当签订书面基金销售协议，并且协议中关于基金管理人与基金销售机构权利义务划分以及其他涉及投资者利益的部分，应当作为基金合同的附件；基金销售协议与附件不一致的，以基金合同附件为准。
合格投资者标准	单位或个人不得规避合格投资者标准，募集以股权投资基金份额或其收益权为投资标的的金融产品，或者将股权投资基金份额或收益权进行非法拆分转让，变相突破合格投资者标准。 募集机构应确保投资者已知悉投资条件；投资者应书面承诺其为自己购买股权投资基金。
股权投资基金募集程序	股权投资基金募集时，一般按照如下7步程序进行：特定对象确定——基金风险类型评估——投资者适当性匹配——基金风险揭示——合格投资者确认——投资冷静期——回访确认 1. 特点对象确定 采取问卷调查评估投资者的风险识别能力和风险承担能力； 投资者书面承诺其符合合格投资者标准。评估结果有效期不得超过3年，逾期需要重新评估；但投资者持有同一股权投资基金产品超过3年的情形除外。投资者分为专业投资者和普通投资者，未对投资者进行分类的，要履行普通投资者适当性义务（专业投资者和普通投资者可以进行转化，其效力仅限所告知、申请的基金募集机构，其他机构不得以此为依据自行转化）。 基金募集机构将普通投资者按风险承受能力由低到高的顺序，至少分为C1、C2、C3、C4、C5五种类型。 2. 基金风险类型评估 募集机构应当自行或者委托第三方机构对股权投资基金进行风险评级，建立科学有效的股权投资基金风险评级标准和方法。 基金产品的风险等级按风险由低到高的顺序，至少分为R1、R2、R3、R4、R5五个等级。

续表

股权投资基金募集程序	3. 投资者适当性匹配 基金募集机构要制定普通投资者和基金产品匹配的方法、流程，在普通投资者的风险承受能力类型和基金产品的风险等级之间建立合理的对应关系，并将基金产品风险全普通投资者风险承受能力的情况定义为风险不匹配。 普通投资者的适当性匹配原则如下： C1 型普通投资者可以购买 R1 级基金产品； C2 型普通投资者可以购买 R2 及以下风险等级的基金产品； C3 型普通投资者可以购买 R3 及以下风险等级的基金产品； C4 型普通投资者可以购买 R4 及以下风险等级的基金产品； C5 型普通投资者可以购买所有风险等级的产品。 4. 基金风险揭示 基金募集机构应当向投资者揭示基金风险，并安排投资者签署风险揭示书。风险揭示书的内容包括但不限于： 股权投资基金的特殊风险，包括基金合同与协会合同指引不一致所涉风险、基金未托管所涉风险、基金委托募集所涉风险、外包事项所涉风险、聘请投资顾问所涉风险、未在协会登记备案的风险等； 股权投资基金的一般风险，包括资金损失风险、基金运营风险、流动性风险、募集失败风险、投资标的的风险、税收风险等； 基金募集机构应对基金合同中的投资者权益相关重要条款与投资者逐项确认，包括当事人权利义务、费用及税收、纠纷解决方式等。 5. 合格投资者确认 募集机构应当要求投资者提供必要的资产证明文件或收入证明；确认完成后，才能签署基金合同（如合伙协议、公司章程、基金合同）。 6. 投资冷静期 除非另有约定，基金合同中应当设置不少于 24 小时的投资冷静期，在冷静期内募集机构不得主动联系投资者，投资者可以主动联系募集机构。 7. 回访确认 冷静期届满后，募集机构从事基金销售推介业务以外的人员应当以录音电话、电邮、信函等留痕方式进行回访，回访过程不得出现诱导性陈述；回访确认程序在投资冷静期内进行的无效；回访程序成功确认前，投资者有权解除基金合同，并且募集机构不得将相应投资者的认缴资金从募集账户划转到基金资金账户或托管资金账户。

续表

禁止性募集行为	股权投资基金管理人、股权投资基金销售机构及其从业人员，从事股权投资基金募集业务，不得有下列行为： 公开推介或者变相公开推介； 推介材料虚假记载、误导性陈述或者重大遗漏； 以任何方式承诺投资者资金不受损失，或者以任何方式承诺投资者最低收益，包括宣传"预期收益""预计收益""预测投资业绩"等相关内容； 夸大或者片面推介基金，违规使用"安全""保证""承诺""保险""避险""有保障""高收益""无风险"等可能误导投资人进行风险判断的措辞； 使用"欲购从速""申购良机"等片面强调集中营销时间限制的措辞； 推介或片面节选少于6个月的过往整体业绩或过往基金产品业绩； 登载个人、法人或者其他组织的祝贺性、恭维性或推荐性的文字； 采用不具有可比性、公平性、准确性、权威性的数据来源和方法进行业绩比较，任意使用"业绩最佳""规模最大"等相关措辞； 恶意贬低同行； 允许非本机构雇佣的人员进行私募基金推介； 推介非本机构设立或负责募集的私募基金； 法律、行政法规、中国证监会和基金业协会禁止的其他行为。
禁止推介渠道	募集机构不得通过下列媒介渠道推介股权投资基金： 公开出版资料； 面向社会公众的宣传单、布告、手册、信函、传真； 海报、户外广告； 电视、电影、电台及其他音像等公共传播媒体； 公共网站、门户网站链接广告、博客等； 未设置特定对象确定程序的募集机构官方网站、微信朋友圈等互联网媒介； 未设置特定对象确定程序的讲座、报告会、分析会； 未设置特定对象确定程序的电话、短信和电子邮件等通信媒介； 法律、行政法规、中国证监会规定和基金业协会自律规则禁止的其他行为。

四、内部控制指引

为了规范股权投资基金管理人的内部管理，指导股权投资基金管理人建立完善的内部控制制度，中国证券投资基金业协会发布了《私募投资基金管理人内部控制指引》，其主要内容如下表6-15所示。

表 6-15 私募投资基金管理人内部控制指引

专业化	股权投资基金管理人应遵循专业化原则,主营业务清晰,不得兼营与股权投资基金管理无关或存在利益冲突的其他业务
高管资质	股权投资基金管理人应具备至少 2 名高级管理人员,且应当设置负责合规风控的高级管理人员
投资者管理	股权投资基金管理人应建立合格投资者适当性制度
募集遴选	股权投资基金管理人委托募集的,应当委托获得中国证监会基金销售业务资格且成为基金业协会会员的机构募集私募基金,并制定募集机构遴选制度
财产独立性	股权投资基金管理人应当建立财产分离制度,股权投资基金财产与股权投资基金管理人固有财产之间、不同股权投资基金财产之间、股权投资基金财产和其他财产之间要实行独立运作,分别核算
托管	除基金合同另有约定外,股权投资基金应当由基金托管人托管

第七章 股权投资的路径

第一节 发挥资本市场的融资功能

一、发展股权投资有利于缓解中小企业融资难

近年来，股权投资在我国金融市场上的作用越来越明显，成为仅次于银行信贷的重要融资手段。股权投资基金凭借雄厚的资本实力和专业分析能力，能将资金投向迫切需要投资但得不到投资的优秀的成长企业。目前，我国股权投资基金发展迅速、规模不断扩大、投资活跃度大幅上升、资本市场退出机制逐渐完善，股权投资基金的发展为中小企业的融资拓宽了渠道，能够推动被投资企业的价值发现和价值增值，并为基金提供高比例的回报。

尽管近几年来，我国陆续出台了一系列支持中小企业发展的政策，而且各商业银行在拓展中小企业金融业务的信贷政策、新品开发、抵押担保、服务方式等方面进行积极探索，使得中小企业融资问题有所改善，但还是不能从根本上解决中小企业融资难的问题。造成我国中小企业融资难现状的，既有企业自身的原因，又有外部的原因。

（一）企业内部原因

1. 中小企业注册资本少，从而比较容易受外部经济环境的影响

中小企业因为注册资本少，所以其负债能力有限，比起大型企业，中小企业的负债能力较小。中小企业因受其规模的限制，抗风险能力较差，受市场、环境的影响程度很大，当市场、经营环境发生变化时，一些中小企业很难适应。

2. 中小企业的信用水平较低

一是管理方面的信用。大多数中小企业内部治理结构和控制机制不健全，少数人或个别人控制现象比较普遍，没有按现代企业制度的要求建立完善的法人治理结构。二是财务方面的信用，银行贷款所需要的财务数据、账表管理混乱、没有或不实。中小企业的财务

报告一般未经注册会计师的审计，其经营情况、财务状况等内部信息透明度较低，贷款的保证往往得不到落实。三是抵押方面的信用。由于中小企业一般家底较薄，因此抵押物明显不足。而且中小企业往往产权不明晰，银行贷款担保难以落实。四是效益方面的信用。由于很多中小企业规模问题和自身限制，其往往存在着经营粗放、技术落后、设备陈旧等问题，使经济效益缺乏保障，竞争不过大企业而常常被大企业淘汰。银行出于对风险的控制，不愿意贸然给中小企业提供贷款，使得中小企业融资更加困难。总之，中小企业的诚信度不够，会造成银行对中小企业贷款的信心下降，对中小企业放贷紧缩。

3. 缺乏有效的风险约束，并且信息分布不对称

一些民营企业由于缺乏信用和法律约束，虚假出资、转移资产、隐匿收益等现象经常出现。并且中小企业融资过程的不对称信息问题比较突出。因为中小企业在创业早期通常没有经过外部审计的财务报告，也没有完善的公司治理结构。另外，中小企业产品质量较差，产品老化和档次较低等问题十分严重。一些民营企业怕树大招风，在多家金融机构开设个人储蓄账户，银行对其经营状况信息收集不完整，不敢发放贷款。

4. 中小企业有特点的贷款需求

中小企业的贷款要求手续简便、迅速，能满足灵活的经营需要；单笔贷款金额不高且贷款频率较高，期限一般不长。总的来说，中小企业的信用体制和社会地位等都不足以做贷款的担保，中小企业贷款风险相对于大企业来说较高。

（二）企业外部原因

从银行经营管理方面来看，中小企业的高风险与银行管理的稳健性原则相矛盾。银行不是没有钱贷给中小企业，而是不敢放贷甚至慎贷。造成商业银行普遍惜贷的原因是：首先，很大一部分中小企业还处在初创阶段，企业的收益往往不能弥补企业的经营风险；对于某些风险较高的高新技术产业来说，银行对其放贷的风险太大，这与银行的稳健性经营原则不符合。商业银行有自己的目标市场，其自身和产品的定位不相同。中小企业由于自身的弱点，很难成为国有商业银行的首选。其次，在利润最大化的追逐下，银行不愿意贷款给中小企业。银行贷款给中小企业的成本比贷款给大企业的成本要高。大企业贷款额大而中小企业贷款额小，银行若贷款给中小企业，使放贷工作量大大增加，耗费更多的人力、时间和财力。总之，银行贷款给中小企业，其管理成本较高而综合收益较少。据测算，对中小企业贷款的管理成本平均大于大企业5倍左右。最后，政策监管使得银行惜贷。国有商业银行历史上已经形成了高比例的不良资产问题。在国家相关部门对银行不良贷款率的监管要求下，商业银行采取更加严厉的措施确保新增贷款的数量和质量，以保证不断降低不良贷款率。中小企业由于资产规模和借贷规模都较小、抵押物不足、抵御风险

的能力较弱，银行不敢向其投放贷款。

从担保机构来说，中小企业融资需要有专业的担保机构。在政府的参与下设立中小企业贷款担保机构是对中小企业的一种扶持。近几年来国家经济贸易委员会制定印发了关于建立中小企业信用担保体系试点的指导意见，但是从社会中介的担保功能发挥情况来看，仍存在着较大的局限性，担保机构发挥的作用并不明显。由于担保机构本身的运作并不成熟，存在的一些问题导致资金流通不畅，并且由于信息不对称的存在，使得除非贷款担保机构有动力和能力对使用担保的中小企业进行甄别和监督，否则担保方案风险将很大，很有可能造成损失和担保方案的失败。

从社会法制建设方面来说，缺乏扶植中小企业发展的政策体系。我国目前的经济、金融政策主要还是依据所有制类型、规模大小和行业特征而制定的，从金融政策上来看，还未形成完整的扶植中小企业发展的政策体系。在中国，目前大多数的社会资源以及银行大部分的贷款都流向了大企业，而中小企业得到的资源和扶植是很有限的。近年来，针对中小企业贷款难、担保难的问题，国家虽然颁布了一些政策，但还是未形成完整的支持中小企业发展的金融政策体系，致使中小企业的融资仍然受到束缚和影响。

从其他融资渠道来说。一方面，从我国目前情况来说，在金融市场上公开发行股票融资上市的要求条件很高，融资的数量要求也很大。创业板市场即二板市场，是指专门协助高成长的、暂时无法上市的新兴企业尤其是中小企业提供资本运作空间的证券交易市场。创业板虽然进入门槛低、运作要求严，一定程度上为我国中小企业提供了多方面的融资渠道，但是创业板的市场能力也有限，不能完全解决我国所有中小企业的融资问题。二板市场股票发行上市的条件也是比较高的，而且具备发行上市资格的企业很多，竞争相当激烈，而资金的供给是有限的。二板市场无法在短时期内容纳这么多企业发行上市。另一方面，中小企业想要发行企业债券融资，困难很大。发行债券要求很高的信用度和优良的声誉。长期以来，我国企业债券的发行者一般都是国有大型企业，债券市场的门槛和成本太高，中小企业很难进入这一市场。中小企业集合债是指由多家不具备单独发债能力的中小企业集合起来采用集合债的形式，使用统一的债券名称，形成一个总发行额度的企业债券。但是由于小企业的资信较低、发行的债券风险较高、要求的利率较高，导致中小企业集合债券的成本比较高。除此之外，中小企业发行结合债券也很难找到相关的担保机构。

二、股权投资基金促进中小企业发展

中小企业在发展壮大过程中，融资难是最大的阻力之一。对于中小企业来说，其内部和外部等原因都限制了中小企业的融资。在传统融资模式受到阻碍的情况下，如何创造新的适合中小企业的融资模式，是亟须解决的、对中小企业有重大意义的问题。股权投资基金的出现和发展为这一问题带来了福音,为中小企业突破提供了一条途径。股权投资基金作为一种新型融资模式,能为企业提供资金支持以及管理上的支持,能在较短时间改善企业的收入和成本结构,提高企业核心竞争力。与其他融资模式相比,银行信贷门槛高,证券市场要求高,但股权投资基金可以帮助中小企业解决的融资障碍主要包括以下三个方面:

(一) 符合中小企业融资需求特征

股权基金对高风险、高回报投资有较强的偏好,而中小企业恰恰具有高风险、高期望回报值的特征,所以中小企业的发展规律以及融资阶段性特征刚好符合股权投资的投资偏好。因而,股权基金与中小企业具有天然的联系,能够帮助中小企业拓宽融资渠道。由于中小企业在创业阶段、早期成长阶段、加速成长阶段中存在如信用状况不稳定、盈利能力不显著等诸多风险因素,通过传统渠道融资面临很大的困难。股权基金作为一种新型的投资模式,能够对那些无法通过传统渠道获得资金而又具有广阔市场前景的中小企业提供全方位的支持,支持中小企业的创业和发展,这为中小企业提供了一条新的融资途径。此外,股权基金有灵活的投资方案,能够根据不同的中小企业的特征,为企业量身打造具体的融资方案,满足中小企业多样化的融资需求。

1. 股权投资能够满足中小企业多样化的融资需求

中小企业经营的一个重要特点就是灵活多变,而这一特点使其融资需求变得十分复杂,相比传统融资方式,股权基金更加适合中小企业。公募融资适合标准化的市场行为,比如,企业要公开发行股票及上市,必须遵循证监会和证券交易所的统一规则和程序,而这些规则和程序不会因为不同企业多样化的融资需求而调整。相对于公募融资的标准化,融资就更为灵活。

2. 私募融资在中小企业融资方面的另一个优势是更加容易获得

在公开资本市场上,企业必须按照规定,定期披露企业信息,外部投资者对这些信息进行处理和分析,然后在此基础上做出投资决策。由于中小企业自身条件和监管力度的原因,很少能提供大型企业那样的符合会计规范及法律标准的财务处理流程,因此,外界投资者就很难从公开信息渠道中了解企业真实的经营状况、财务状况和现金流量状况等。即使中小企业完全能够按照财务标准披露信息,也很难依据其财务信息判定该企业所具备的开发潜力。股权基金在对中小企业进行投资决策的过程中,很大程度上不是依据其财务报表这类标准化的定量的信息做出决定的,而是依据对中小企业进行深入调查的一般合伙人的主观判断。负责基金日常运营及投资决策的一般合伙人,通过了解该企业所处的行业前景、企业家的信用状况、领导能力,甚至企业管理费用规模与生产用电比例的变化,发掘出中小企业真实经营状况的信息。这些信息的特点是主观性很强,既不能从企业披露的财

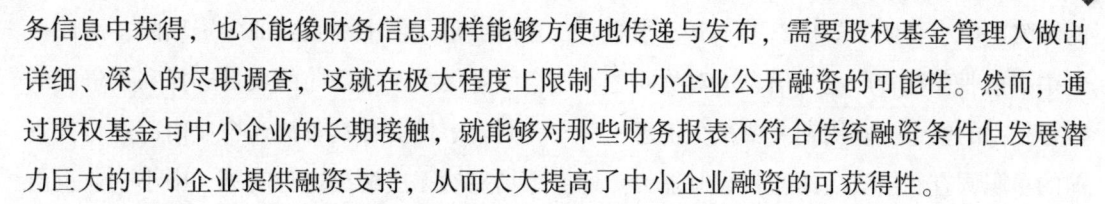

务信息中获得，也不能像财务信息那样能够方便地传递与发布，需要股权基金管理人做出详细、深入的尽职调查，这就在极大程度上限制了中小企业公开融资的可能性。然而，通过股权基金与中小企业的长期接触，就能够对那些财务报表不符合传统融资条件但发展潜力巨大的中小企业提供融资支持，从而大大提高了中小企业融资的可获得性。

3. 股权投资有利于保护中小企业经营的隐秘性

与大型企业不同，中小企业的核心竞争力很容易被复制，如某个有长期合作关系的客户或者供应商，以及业务往来的财务数据。为了保持竞争优势，中小企业往往不愿意公开太多关于企业经营的信息。然而在公开资本市场上，作为克服逆向选择、保护广大投资者利益的措施之一，上市公司必须在特定时间按规定披露报表和重要公告，从而将信息不透明的中小企业排除在外，这就使得绝大多数中小企业不能利用公开资本市场融资。与公募资本市场相反，股权投资机构在非公开融资的环境下，更能充分发挥其在甄别和筛选企业方面所具备的专业优势和规模经济优势，缓解与中小企业之间的信息不对称问题，形成对公开资本市场在中小企业融资方面的相对优势。这一优势增强了中小企业融资的效率，减少了资本市场上的逆向选择。

（二）发现和培养优秀企业家

股权基金介于银行信贷和证券市场之间，为中小企业提供了新的融资渠道。股权融资目前在我国发展很快，这给我国中小企业利用股权资本来融资提供了很多机会。而引入股权基金更重要的意义还在于股权基金的一般合伙人具备很强的"企业家精神"，可以利用他们长期积累的管理经验、知识专长和商业网络资源帮助中小企业规范企业内部管理和财务结构，设计明确的赢利模式和企业发展战略。股权基金作为一种积极参与管理的专业投资模式，能够同时缓解中小企业面临的资金和管理两个方面的发展瓶颈。对期望在国内或海外上市的中小企业，股权基金通常有良好的品牌、信誉和企业运作上市经验，可为企业带来增值服务。许多股权基金本身是投资银行的下属机构，能为企业上市提供更专业、更便捷的咨询服务。在这一过程中，优秀的企业家在基金团队的辅导下被挖掘出来，资本市场通过企业上市奖励这一批优秀的企业家。在这样的机制下，有潜力的优秀企业家就不至于因为资金匮乏而埋没在高不成低不就的中小企业中，有利于中小企业的良性发展。有统计显示，股权基金的一般合伙人在做出投资决策时，更加看重企业家能力这个因素，投资一家企业，更多时候就是投资一个企业家。

（三）缓解中小企业的信息不对称问题

股权融资可以缓解投资中的信息不对称问题，弥补传统银行部门和证券市场资源配置的缺陷。中小企业的规模参差不齐,很难有一套标准来评估中小企业的融资风险,所以投资中小企业存在着严重的信息不对称问题,这个问题贯穿于投资前的项目选择和投资后的监督控制的整个投资周期。要减少信息不对称,则要求投资者具备深入企业内部进行投资前的尽职调查和投资后的监督控制能力。证券市场显然无法解决这种问题,中小企业也由于想保持隐秘性而选择不公开募集,而银行等我国现有的传统金融机构又缺乏对中小企业调查的专业人员和机构,并且贷款给中小企业的风险与收益不匹配,实践中就造成了银行不愿贷款给中小企业的情况,使得社会闲置资金和中小企业之间出现"真空"。股权基金作为更为专业的投资中介,具备经营这种风险的能力,能够有效地解决信息不对称引发的逆向选择与道德风险问题。股权基金的一般合伙人通常由富有相当专业知识和管理从业经验的业界精英组成,他们在信息生产和处理上的优势使得他们能够成为投资者的专业代理人。股权基金在解决与所投资企业之间的委托-代理关系上比传统的资金提供者更有优势。首先,股权基金的投资模式决定了它们要取得企业的股权、进入企业董事会甚至拥有控制权,因此能够对企业形成更直接的监督。其次,基金管理人通过发挥他们的专业优势、设计不同的金融工具、提出阶段性的资金供给方式,或者制定复杂的合同条款,甚至直接参与企业管理等形式,形成对受资企业的激励约束机制,从而防范受资企业的道德风险。

激励约束机制的形成主要包括以下三个方面。一是股权基金可以帮助企业改善股权结构,使资产负债比例更加合理;对企业章程进行专业的指导,改善中小企业治理结构;完善企业中各个监管部门的设置和职能划分,建立起监管体系;通过基金团队中的专业人员,建立有利于企业发展的法律框架和财务制度。二是股权基金可以帮助企业较好地解决员工激励的问题,建立起较完备的员工激励制度。在机会成熟时,可以建立股权激励体制,激发员工工作的热情。三是股权基金可以在较短的时间内改善企业的收入、成本结构,提高企业的核心竞争力,帮助企业开发产品并推向市场,最终带来企业经营业绩和股东价值的双向提升。

第二节 调节市场资金的流动性

一、社会闲散资金充裕

(一) 国内闲散资金充裕的现状

社会闲散资金充裕、流动性过剩一直是中国经济运行中长期存在的突出问题。投资驱动型的国家发展战略、长期双顺差的局面、国家的宏观调控政策都可能带来流动性过剩的问题。而流动性过剩会引起具有滞后性的通货膨胀，给经济发展带来负面影响。金融危机前，中国经济保持平稳、快速的增长趋势，居民收入、企业利润、财政收入都大幅提高，经济基本面表现良好。但经济中仍然存在一些由经济增长过快带来的矛盾和问题，主要是流动性过剩的问题。

社会闲散资金充裕即市场上流动性过剩。整个宏观经济的流动性是指在经济体系中货币投放量的多少，而流动性过剩是指经济中的货币存量高于货币需求，经济层面资金充裕，银行信贷投放冲动较强。中国的货币流通量长期以来保持稳步增长的趋势。中国经济中的流动性过剩体现在两个方面：货币供应量增长过快；金融机构存在巨额存贷差。

（二）中国经济流动性过剩的原因

中国经济流动性过剩反映了当前经济中的各种矛盾。形成这一现象的原因很多，既有国际上的原因，又有中国经济自身的深层次的原因。

1. 外部性原因：全球流动性过剩

进入21世纪以来，全球范围内出现了显著的流动性过剩。为了克服科技泡沫破灭对经济带来的沉重打击，美联储采取了超扩张性的货币政策。美联储在联邦基金市场上释放大量准备金，使得美元基本利率一直下跌，信贷和货币供应量相应迅速扩张，增长速度超过了GDP增长速度。日本也面临相同情况，日本为了克服通货紧缩，执行了"数量宽松"的政策，带来了货币供应量的增长，使得日本成为全球流动性过剩的重要来源。欧元区的信贷扩张也带来了过剩的流动性。美、日、欧等国家降低利率，大大降低了融资成本，为经济提供了宽松的发展环境，因此带动了世界范围内的投资活动。中国近年来经济的持续增长以及良好的投资环境、较低的成本形成的高利润与人民币升值的预期，吸引了大量外资的涌入。

2. 直接原因：外汇占款增长迅速

外汇储备的增长主要是由经常项目顺差和外商直接投资（FDI）流入引起的。外商直接投资的逐年增加导致了我国外汇储备增加过快，已经成为世界上外汇储备增加最快的国家。在固定汇率时，本币在国际收支持续顺差的情况下会有升值的压力。中央银行为了稳定币值，必须在外汇市场上抛出本币，买进外汇，从而增加国内基础货币。尽管人民币汇率进行了改革，但是仍然实行的是有管理的浮动汇率制度，因此在外汇不断增加的情况下，中央银行不得不增加国内基础货币，从而使得广义货币的增速保持两位数的增长。

3. 根本原因：投资驱动发展战略造成经济结构失衡

投资、消费、出口作为中国经济增长的"三驾马车"，为中国的经济腾飞做出了巨大的贡献。然而长期以来，中国经济存在投资和消费比例失衡和投资结构失衡的问题。中国实行的是投资驱动型的国家发展战略，以高投资带来经济的快速增长。资源和要素价格长期被压低，较低的成本刺激了投资需求。但是这种增长方式导致了中国的结构性失衡。消费的增长远远落后于投资的增长。由于中国百姓的消费习惯，以及要素的价格较低导致的收入较低，再加上社会保障体系不完善，中国居民的储蓄倾向大大高于欧美国家。大量的存款使得银行的存差加大，银行的超额存款准备金率一直居高不下，造成了银行系统的闲散资金过多。同时，投资结构也存在失衡。大企业很容易得到贷款，而中小企业融资很困难，而且资金往往流入热门行业，较冷门的行业得不到投资。由于消费和投资比例失调，过剩的产品只能通过出口来解决，中国出口大于进口，从而出现了贸易收支的长期顺差，外汇款不断增加，从而使得流动性过剩的问题日渐严重。

（三）流动性过剩对经济形成冲击

当前房地产过热、外汇储备过高、通货膨胀率不断创新高，这些都在一定程度上与流动性过剩有关。流动性过剩将对中国经济、金融运行带来一系列负面影响。

1. 导致固定资产投资过热

流动性过剩表现为经济中的货币存量高于货币需求、经济层面资金充裕、银行信贷投放冲动较强。再加上多元的融资渠道，使得企业可用的资金比较充裕，从而将大量资金用于固定资产投资。过多的流动性进入固定资产投资领域，会推动投资过度扩张，埋下通货膨胀的隐患；进入房市等资产价格领域，会增加房地产等行业产品的价格，推动形成资产泡沫，增大宏观经济金融运行的风险，使得经济过热，影响社会稳定发展。

2. 居民消费价格上升，通货膨胀压力增强

流动性过剩造成通货膨胀，它以部分流动性过剩资产价格出现严重泡沫为先导，进而传输给其上、下游相关产业链，最终带动原材料供应市场和食品的价格上涨，并引致全面通货膨胀。

3. 导致商业银行风险过大

流动性过剩尤其是广义货币 M2 与 GDP 的比值节节上扬，意味着经济发展对银行体系的依赖性进一步增强，加剧银行系统的风险。中国商业银行的利润主要依赖于贷款收入和存款利息支出的差额，在资金持续向银行集中时，银行为了处理大量闲置资金，必然会选择扩张贷款。贷款往往通过各种方式投入证券市场、房地产行业以及高耗能行业，这些行业的风险较大，比较容易出现泡沫，客观上增大了商业银行的信用风险。

4. 增加国家财政负担以及不利于经济结构调整

目前的流动性过剩很大一部分来自外汇占款过多，央行不得不频频动用央行票据、存

款准备金率等手段，被动对冲过剩流动性，使得货币政策的独立性降低，对冲成本日趋增大。流动性以外汇占款投放方式为主，会导致创汇较多的东部地区资金多、创汇较少的中西部地区资金少，创汇较多的第二产业资金多、创汇较少的第三产业资金少等现象，不利于经济结构调整。

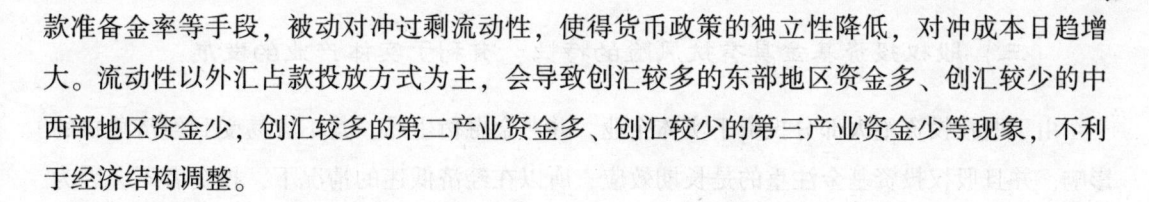

二、引导过剩资金投向实体产业

在全球流动性过剩的情况下，国外的热钱和国内的资金都在寻找一个较合理的出路。除了投资到股票市场外，投资股权投资基金成为近几年的趋势。股权投资基金在医疗健康、能源、制造业、电信投资行业、房地产、食品饮料等实体产业投入了大量资金，尤其注重制造业、电信、医疗健康、能源这些重要实体行业的投资。股权投资基金能引导过剩的资金投向实体产业，并且全球流动性过剩将使股权投资基金获得更迅速的发展。

（一）股权投资基金对过剩的资金具有很大的吸引力

从股权投资基金的财富效应来看，其平均收益水平一般要大大高于其他投资方式。其他投资方式的风险收益相比之下就不如股权投资基金。全球的股票市场的波动性和风险越来越大，资金收益的稳定性难以保证；资金收益率相对稳定的美国政府债券、国内存款等固定收益产品的实际收益率在扣除了通货膨胀因素后甚至可能为负。考虑到资金的收益率和安全性，能够通过分散投资来达到超过30%的平均收益的股权投资基金无疑是一个较理想的投资渠道。

（二）股权投资基金将有利于引导过剩的资金投向实体产业

目前，央行对冲流动性的同时，对外贸易顺差、外商直接投资、商业银行信贷又进一步加剧流动性过剩。疏导流动性将成为政府宏观政策的另一个导向。如果这些过剩的流动资金流入二级市场或房地产市场，将造成难以控制的泡沫；而把这些资金导入国际资本市场，可能由于竞争劣势而造成不小的损失。

股权投资基金能把过剩的资金集中起来，通过基金合伙人的专业挑选，将资金投入股市和房市以外的实体产业。流动性过剩发生时，并不是没有好的投资项目和好的投资机会，而是资金不能得到很好的投资和分散。虽然有很多剩余的资金无处可用，但是仍有很多新建项目、在建项目、创业企业、中小企业和重组改制企业对资金有大量的需求。从我国实体经济发展的进程来看，产业结构升级、产业重组并购都需要大量的资金支持，股权投资基金从中大有作为。流动性过剩是金融结构出了问题，而股权投资基金能对建立和培养新型市场化的投融资主体、促进中国投融资市场的改革做出重大贡献。

（三）股权投资基金具有抗风险的特性，有利于实体产业的发展

由于股权投资绝大部分投资于实体企业，并非金融衍生品，其不容易受到经济危机的影响，并且股权投资基金注重的是长期效应，所以在经济低迷的情况下，投资者不会因为当前的低迷而丧失对股权投资的信心。在金融危机中，股权投资基金一定程度上缓解了实体经济困境，促进实体经济发展的作用不容置疑。在金融危机中，很多实体企业资金链出现断裂。由于资金的供应渠道很窄，公众融资市场渠道不通畅，银行非常谨慎，所以企业对股权投资基金有很强的需求。股权投资基金能在一定程度上引导资金流向需要投资的、有发展潜力的实体企业，使实体企业受到相对小的影响。股权投资又不同于银行贷款，银行贷款可能更注重资金是否按时收回，股权投资着眼长远企业的增值。股权投资基金的最佳投资策略一般是在经济低潮投资于企业，经济恢复和高潮的时候退出，并进行新一轮投资。股权投资基金的反周期特征对实体经济能起到很大的推动作用。

三、促进我国行业整合和结构调整

（一）我国企业规模过小，必须进行产业整合

从经典的经济学理论可知，规模效应是企业核心竞争力的关键因素。企业规模越大，规模经济效应就越明显，公共成本和固定成本的分摊就越低，企业的利润越大。英国工业革命之后，西方发达国家的企业进行了一轮又一轮的规模扩张，巨型的跨国公司的年产值甚至可以和许多中小国家的经济总量相比。而目前，除了少数政府行政垄断和自然垄断企业，我国大多数企业的规模普遍偏小，在跨国公司面前几乎没有竞争力。我国加入世界贸易组织后，随着市场的全面放开，国内企业由于规模较小而处于竞争弱势的地位。

长期以来，我国产业结构的特点是"散、小、乱"。这种产业结构起源于"条块分割"的计划经济体制。在封闭的计划经济体制中，企业的生产计划和产品价格都是被严格计划的，企业间不存在竞争。企业的经营利润不是来自市场竞争，而是来自计划的价格。因此，当时这种"散、小、乱"的产业结构弊端并没有显露出来，甚至被认为代表了我国工业门类齐全、企业数量众多，是我国产业结构的优势。随着全球化进程的深入，我国逐渐融入世界市场，"散、小、乱"的产业结构的缺陷就暴露出来，我国大多数产业和企业在全球化竞争中缺乏规模经济优势以及竞争优势。我国要想在全球竞争中占据一席之地，首先必须在规模上与跨国公司具有相抗衡的能力。为了建立我国企业在全球的竞争地位，进行一场大规模的产业整合迫在眉睫，目的是参与全球产业大分工，培养具有龙头企业的优势产业，发扬我国的具有竞争优势的产业，从而提高我国企业的国际竞争地位。

（二）资金通道不畅，困扰我国产业整合

在现有国内环境和国际竞争条件下，振兴我国产业需要解决两个关键问题。一是要培育骨干企业，调整产业结构。通过相关产业中企业的并购重组，培养具有一定国际竞争力的骨干企业，并由这些企业带领行业内企业参与国际竞争。二是应该由本国资本控制国内多数行业的骨干企业。产业整合是经济发展的必然规律，不是由本国资本来整合，就是由国外资本来整合。在过去的几年中，以股权投资基金为代表的国外资本已经开始了对我国的产业整合，资金规模异常庞大，来势非常凶猛。为了保证我国本土企业在国际市场中的竞争力，不能由跨国公司控制我国优势行业中的优秀企业。并且从我国产业的安全方面考虑，也必须由本国资本控制国内骨干企业。可以说，在产业结构调整的过程中，培养和控制骨干企业是振兴我国各个产业的关键的战略性措施。

产业整合有两个必要条件，即产业整合的资金实力和管理能力。其中，资金实力是最重要的，如果没有资金实力，产业整合则缺少动力。资金实力无法被复制，整合主体的规模扩张必须有充足的资金支持，而管理能力可以无限复制，相关的管理咨询经验可以从咨询公司获得，并以低成本移植到企业自身，根据企业的实际情况进行改造。产业结构调整由于关系到企业的产权流动，需要巨大的资金支持。因此，资金通道不畅已经成为困扰我国产业整合的核心问题。我国企业本身的规模都比较小，对金融机构大力支持的需要十分迫切。只有得到国内金融机构的大力支持，我国才能够顺利完成产业结构的调整，并且由本国资本控制核心企业。

（三）股权投资基金对产业结构调整的促进效应

目前，我国已经成为全球产业整合的重要市场，国内产业投资需求日益旺盛，产业整合的潜力巨大。股权投资基金通过对非上市的企业进行权益性投资，将对我国产业结构调整产生促进效应。

首先，股权投资基金拓展了产业结构调整的途径。过去，政府在我国产业结构调整的过程中介入过多，起的作用比较大。这种政府主导的经济结构调整模式在经济转轨的特殊时期取得了良好的效果，然而随着市场经济主体模式的确立，市场机制的作用越来越重要，即需要更多地通过市场这只"无形的手"来对我国产业结构进行优化升级。股权投资基金就是这只"无形的手"的重要形式，它根据经济规律和产业政策进行科学投资，引导社会资金的正确流向，并且产业结构调整中往往发生兼并、重组等资本运作，企业主要是通过上市或非上市来进行资本运作的。我国企业上市的现状是上市难和上市企业数量有限。非上市途径在我国一直以来都很不活跃，而在西方国家，非上市与上市一样都是企业

产权社会化的重要途径。我国企业必须依赖股权投资基金这种新型的金融投资机构，使非上市途径成为企业资本运作的主流途径。

其次，股权投资基金能够促进产业结构升级。股权投资基金对促进我国产业结构升级，包括增量调整和存量调整有巨大作用。一方面，股权投资基金的资金支持可以改善企业的资产素质，实现增量调节。股权投资基金将为一些有着良好服务和市场的企业提供一个资产重组和弥补资金缺口的机会。另一方面，股权投资基金能通过在市场上选择合适的投资对象，促进优胜劣汰，实现存量调节。股权投资基金拥有一套属于自己的评判公司专业水平、经营战略、财务状况、核心竞争力和投资项目优势的指标和策略，以选择产业的优秀企业和项目，从优秀的企业和项目中获利。股权投资基金在促进优胜劣汰的同时也推进了产业规模经济结构的优化。股权投资基金通过选择成长型公司进行投资，对产业发展起到了引导和示范的作用，会对企业的经营模式和经营行为产生影响，使企业的经营效率和决策水平上升，从而实现股东价值的最大化。

再次，股权投资基金能够大大提高产业结构调整的效率和收益。股权投资基金有专业的投资理念和管理经验，能够提高投资效益，提高社会资源使用效率，主要体现在以下三个方面。首先，股权投资基金对企业有一定的股权控制，企业的股权不是被分散在众多中小投资者中。股权投资基金可以通过中断追加投资或者股权调整来减少对企业的投资，从而对企业施加来自投资者的压力，从而达到对企业外部控制的目的。其次，企业的经济利益直接关系到股权投资基金的投资回报。股权投资基金将有压力和动机尽可能充分地了解企业的真实经营状况和财务状况，为企业提供经营、融资、管理等方面的咨询和支持，从而有利于规范企业内部治理，推动企业健康发展。最后，股权投资基金注重与企业建立长期的合作关系，对企业有充分的了解，并掌握企业的内部信息，从而有效消除和企业之间的信息不对称，有利于防范道德风险和逆向选择问题。

第三节　提升我国在全球金融市场的地位

一、股权投资基金要"走出去"

（一）中国国际化战略

自从 20 世纪 70 年代末中国开始实行改革开放政策之后，"走出去"战略成为促进我国经济发展的重要理念。改革开放使得中国经济发生了翻天覆地的变化，使中国人民意识到"走出去"的重要性。随着世界商品、资金、人员、信息、技术等生产要素在全球范围内流动日益频繁，世界各国资源得到了合理配置，整个社会福利得到了提高，各种资源在全球范围内更容易获得，各国经济发展对本国资源的依赖程度逐渐降低。自20世纪90年代以来，中国市场开始呈现整体供大于求的格局，经济向买方市场转变，市场上出现产品过剩，供过于求的产品种类越来越多。我国政府已经针对这种严重的生产过剩采取了一系列政策措施，但由于我国这种经济发展的不均衡状态主要是由产业结构变化滞后于需求结构变化造成的，所以不能完全依靠国内市场的自我调节来解决。要解决这种不均衡问题，必须走出中国市场，同时面对国内和国际两个市场，通过产业结构升级和调整来实现。对外开放不仅能将国内过剩的生产力输出到国际市场，而且能利用国际市场来填补国内市场的空白。我国人口数量巨大，自然资源的人均占有率较低，矿产资源严重缺乏，尤其是战略资源严重短缺，所以可以鼓励国内企业走出国门，通过对外投资方式来获得国外矿产资源，以补充国内资源。否则，这种资源的短缺将成为制约我国经济高速发展的"短板"。因此，对外开放是我国必须长期坚持的基本国策，要做到对外开放，必须做到既"引进来"又"走出去"，保持双向均衡。

"走出去"战略又称国际化经营战略、跨国经营战略或全球经营战略，它与"引进来"战略相对应，是中国对外开放的两个方面。"走出去"战略在内容上有广义和狭义之分。广义的"走出去"战略是指鼓励在国际竞争中具有相对或绝对竞争优势的企业有准备地、有步骤地到国外投资办厂，使产品、资本、人才、管理等多方面进入国际市场，充分发挥我国的竞争优势。狭义的"走出去"战略是指企业通过对外直接投资方式进入国际市场，从而参与国际竞争和合作，提高自身国际竞争力，达到促进本国经济快速、持续、协调发展的目标。"走出去"战略可以分为商品输出和资本输出，即商品出口与直接投资两个层次。货物贸易、服务贸易等为商品输出的层次，而对外直接投资为"走出去"战略的第二阶段，即资本输出的层次。

作为现阶段和未来相当长时间内我国对外经济贸易发展和对外开放的一项基本战略，"走出去"战略的核心内容是进行资源开发、市场寻求、出口导向和高新技术研发的对外投资。资源开发型以弥补我国国内资源不足为主要目标。由于资源短缺将是我国经济发展的重要问题，这种对外投资应成为我国今后对外投资的战略重点。出口导向型对外投资通过直接投资的方式来避免东道国贸易保护的限制。市场寻求型对外投资主要是企业在国外市场已经开拓到一定程度的情况下，在投资地进行生产、销售及售后服务。高新技术研发型是在发达国家投资设立高新技术研发中心，利用国外的先进技术和研究条件，将研发出来的产品交由国内母公司进行生产。

（二）股权投资基金国际化是"走出去"战略的一部分

在后危机时代背景下，我国企业"走出去"的模式和策略都可能出现变化，可能是寻求多样化或者多样经营的理念，也可能寻求交易的多样化，比如，从单方并购到成立合资企业、合资并购。在今后的几年内，中国企业走出去的发展趋势将是通过并购和外国企业建立战略联盟或合资企业，这就需要我国金融服务业推进金融市场开放、融入世界金融体系和提高金融服务业的国际竞争力。因此，促进国际投资是国际化战略的重要部分，而作为金融创新的股权投资是当前全球跨国投资的主流，也是国际化战略的重要部分，将为实施国际化战略发挥重要作用。

中国股权投资基金相对于国外来说发展还是比较落后，人才队伍、经验还不足。国内的股权投资基金有必要以国内的市场和股权为条件，尽可能地跟海外的股权投资基金搞合资，来培养人才并积累经验。

目前股权投资基金走出去面临着诸多机遇。一是经济全球化为股权投资基金发展提供了机会。经济全球化是近年来经济发展的重要趋势，虽然经济民族主义和贸易保护主义形成阻挠，但经济全球化仍是大势所趋。经济全球化能增强国家之间的经济、文化、技术、人才交流，使得各国尤其是发展中国家联系更加紧密、市场更加开放，为中国的投资基金通过股权投资方式进行海外投资提供了便利条件，不仅营造了良好环境，而且提供了更多机会。二是中国国内流动性过剩为股权投资基金提供了充足的资金来源。中国国际收支经常项目和资本、金融项目长期呈现的"双顺差"以及大量流入的外商直接投资，使得中国成为世界上外汇储备最高的国家。由于大量的外汇占款将大量增加货币供应量，高储蓄使得国内消费不足，流动性过剩日益严重，对中国造成不小的通货膨胀的压力。这些过剩的资金如果能被充分引导到国外市场进行投资，将大大缓解国内通货膨胀压力，同时也为股权投资基金走向国外投资提供了源源不断的资金。三是美国金融危机为中国资金走向国际市场提供了机遇。一方面，美国次贷危机使得国际上的知名金融机构受到巨额亏损，一些金融资产迅速贬值，大量资产被严重低估，中国投资者能以低于重置成本的价格购得优质资产，低成本地进行股权投资。另一方面，由于金融危机的影响，使得西方的金融市场投资门槛放松，强调在加强规范和引导的同时允许主权财富基金进行投资。四是人民币升值大幅降低海外投资成本。虽然人民币升值压力渐大，对出口造成影响，但是较高的汇率使得股权投资基金进行海外投资的成本降低，中国企业海外投资的能力上升。

国际上的股权投资基金早已走出国门，在全球市场上寻找投资项目进行跨国投资，是一国投资者实现国际化投资的手段之一。随着国际股权投资基金业务的不断发展和延伸，以美国为代表的国际股权投资基金在全球市场上越来越活跃，份额越来越高，地位也越来越重要，话语权得到显著提高。在股权投资基金的支持下，很多国家的企业迅速扩大并成长为成功的跨国企业。

我国股权投资基金应该走出去，与资金雄厚、经验丰富的国际知名股权投资基金合作和竞争，这对加快我国股权投资基金国际化进程、产业的成熟、人才的引进与培养具有十分重要的意义。可以预见，随着中国股权投资基金的不断发展和壮大，本土基金将越来越多地"走出去"，由于股权投资基金的推动而走出去的企业也越来越多，为我国产业和金融国际化战略提供强有力的支撑。我国股权投资基金也必须走出去，以使自己变得更强大。目前，外国股权投资基金已经进入中国金融市场，对中国企业虎视眈眈。由于其敌意收购和高杠杆的存在，使得国外股权投资基金可能对中国资本市场和企业产生不利的影响，通过股权投资获得的巨额利润不应当总是落入外国人的腰包。本土股权投资基金应当通过走出去，来学习国际上的先进经验，增强自己的实力，从而打破国际股权投资基金在资金、信息、管理方面的优势，保证我国金融自主和经济的稳定性。我国必须培养强大的本土股权投资基金，建立相应的、适当的政策和监管体系。

二、助力我国企业"走出去"

（一）中国企业积极谋求国际市场话语权

在参与国际竞争的征途中，中国企业长期缺乏话语权。虽然中国身为世界钢材消费第一国家，中国企业却没有铁矿石定价权，常常不得不妥协于国外买方的漫天开价；中国服装、小商品出口经常遭到国外贸易保护主义的反倾销、反垄断检查，影响国内工厂销售业绩；外国跨国公司常常能收购我国优秀企业，中国企业海外并购异常艰辛而鲜有成功。中国在国际市场的份额虽然显著增加，但是影响力仍然微弱，利润份额仍然较少。

经过近年来的高速发展，中国应该承担起在国际金融市场上的一份责任，努力成为积极影响国际金融市场决策的重要力量。中国在国际组织中用自己的经济发展模式和发展理论丰富了整个国际社会关于经济发展、改革的理论和实践，也被期待能通过提升自身的国际地位和话语权来最终消除"双寡头"的"话语垄断"。在美国次贷危机中，中国经济的表现不俗，甚至被国内国际舆论讨论是否需要出手援救在危机中受损严重的国外金融机构。在金融危机中，欧美国家对"看不见的手"过度依赖，而中国企业手中资金充沛，这为中国企业进行海外投资提供了机会，也有助于中国融入国际金融体制的高端环节，提升中国在国际市场的话语权。美国金融危机波及实体经济后，中小企业受到严重影响，急需通过股权来转让资金问题，这正迎合了我国企业的投资需求。我国企业可以通过股权投资基金来投资、参股或购买世界一流的企业，不仅能有机会分享其技术品牌和市场份额，而且能学习其优秀的管理方法。

发展海外投资是我国企业实施"走出去"战略的重要环节。关于"走出去"战略的内涵，商务部的解释是"包括对外投资及其他跨国经营活动"，具体指海外投资、对外工程承包和劳务合作三项业务。

我国企业进行海外投资有自身的优势。与发达国家不同，中国企业海外投资的竞争优势不是先进的技术，而是发展中国家的一些特殊的特点。一是要素资源优势。中国地大物博，具有丰富的资源储备。从要素禀赋来看，我国企业具有比较优势的产品是纺织、服装加工、食品加工、家用电器、自行车、陶瓷等劳动密集型行业的产品，这些企业通过海外投资可以规避贸易摩擦和关税壁垒，代替出口，打通海外市场。二是相对于发达国家的后发优势。发达国家虽然在技术、管理、销售方面具有优势，但由于人文成本过高和市场饱和等原因，导致市场的发展潜力不大，甚至成为夕阳产业。中国企业可以通过投资来整合这些企业的经营资源，提升企业竞争力，在投资外国资本的同时获取新技术和管理技巧，从而增大国际市场占有份额。三是相对于发展中国家的比较优势。一些发展中国家的国内市场比较狭小，需求结构与中国比较相似。中国有与投资国当地市场相当的技术和经营能力，而且人力成本较低，降低了企业的运营成本，中国企业投资这些国家的企业具有独特的优势。四是地缘优势。我国幅员广阔，地跨亚洲大陆，与太平洋相接，海岸线漫长，这是中国有利的地缘优势。而且中国有独特的文化和产品，如中药、丝绸、中式菜肴、中国手工艺品等，这些都是中国的特色标志，是中国企业"走出去"的一种优势。五是中国经济实力日益增强。中国目前作为国民生产总值世界排名第二、外汇储备排名第一、国际收支持续顺差的贸易大国，对世界经济有一定的影响力。中国经济的强大为本国企业走出去提供了资金保障，金融系统的完善也为企业海外投资提供了多样化的方式。

我国企业进行海外投资往往不是一帆风顺的，常常面临许多问题和挑战，需要企业提高警惕。光有强大的资金支持是不够的，还需要先进的投资理念和管理经验。推进我国企业海外投资健康发展，需要在以下两个方面进行改进。首先，企业要增加海外投资的风险防范意识。政治风险是企业海外投资面临的重要风险。政府办事的效率、民族主义的倾向、政策的变化都有可能对企业的海外投资造成不利的影响。如果在投资过程中与对方政府沟通不恰当，很有可能导致双方的不理解和不信任，使得投资计划流产。信息不对称风险也非常重要。由于国别不同，双方企业的投资和管理理念很可能存在较大的差异。我国投资方也很难得到外国企业的完全信息，从而导致投资失败。因此在投资过程中，投资方应当谨慎地进行信息的获取和分析，来避免文化、制度、经济等方面的信息不对称问题。其次，企业要灵活运用海外投资策略。我国金融市场的发展和创新也为企业进行跨国投资提供了便利的条件。

（二）股权投资基金助力中国企业迈向国际

推动我国企业"走出去"需要有完善和高效的金融支持体系，虽然在我国，目前是间接融资为主，银行贷款占重要地位。中国大型企业"走出去"投资时很容易受到太多的关注而出现不必要的问题，应该由民营企业和中等国企"走出去"投资。虽然中小企业融资难因为各方面的原因暂时不能得到很快解决，但股权投资基金能在助力中国企业"走出去"方面起到很大的作用。我国投资公司、企业以及银行可以把资金投到可以进行海外投资的股权投资基金，再由这些基金投资国外的相关企业，从而控制这些海外企业的股权，并可以通过多投资几家股权投资基金来达到控制国外企业的目的。这比起直接收购要更隐蔽，而且能借助股权投资基金专业的投资方式来获取更大的效益。

在股权投资基金的支持下，很多国家的企业迅速扩大并成长为成功的跨国企业。中国已成为亚洲最活跃的股权投资市场之一，国外著名投资银行和股权投资基金为中国中小企业提供了新的融资渠道。从蒙牛、哈药等企业的成长发展历程中就可以看出，这些股权投资基金为这些企业的扩张提供了直接的支持。

股权投资基金"走出去"，能有效促进国内企业"走出去"。首先，有利于直接获取国内缺乏的资源和能源。我国缺乏的资源和能源是制约我国经济快速发展的重要因素。股权投资基金"走出去"，可以直接投资于国外资源和能源机构，保障国内资源能源供应。以前，中国通过收购国外的石油公司来实现与国外资源合作，这些海外股权投资成为保障中国获得稳定的海外资源能源供应、保障国家能源安全的重要力量。通过股权投资进行直接或间接的权益投资来保障海外能源资源供应也是世界各国（如日本、欧洲）的通行做法。促进股权投资基金走出国门，可以以其先进的管理经验和投资眼光将资金投向最合适的资源能源项目。其次，有利于本土企业直接获取进入国际市场的捷径。股权投资基金可以帮助企业通过投资于国外知名企业来突破国外的贸易保护主义措施，并且获得先进的技术支撑，打开商品的国际销售渠道。再次，有利于直接获得先进的技术、品牌、人才和管理经验。国外的企业尤其是跨国企业通过多年的经验积累，具有很高的管理能力和合理的管理系统。股权投资基金通过海外投资可以实现对国外企业成功经验的直接吸收与利用。

国家开发银行大步跨出了传统放款银行的角色，国家开发银行已成立全资拥有的直接投资兼私募基金业务，重点在于为重要政府建设提供资金，支持官方背书的企业并购，以及帮助发展基础建设、能源、天然资源与都会建设等。国开金融的成立能让国开行支援大陆资源与能源公司的海外扩张，从旁协助政府鼓励企业界走出国门的政策。

第八章 私募股权投资代理风险规避

第一节 私募股权投资的委托代理特征

委托代理关系是现代经济生活中的普遍现象。由于现代企业中所有权与经营权的分离,委托人(所有者)承担全部的风险,而代理人(经营者)负责管理公司,从而形成了代理问题。委托人和代理人是两个不同的利益主体,委托人与代理人之间的目标不一致是必然的。在信息不对称和契约不完备的情况下,代理人有了潜在的追求自身利益而损害委托人利益的机会,因此,信息不对称是代理问题的根源。信息不对称状态分成两类:隐藏信息和隐藏行动。隐藏信息又被称为逆向选择,是指代理人为了自己的利益而隐藏一些信息,例如代理人的能力、生产的成本、产品质量、利润等;隐藏行动又称道德风险,是指委托人无法观察到代理人的行为。由于许多契约都是在信息不对称的条件下签订的,因此,代理理论主要研究信息不对称的情况下,市场参与者如何通过博弈订立最佳交易契约,故又称为"契约理论"。

信息不对称的概念被频繁地用于描述私募股权投资者与被投资(收购)企业的企业家和经理人之间的关系上。代理的主要特征在于代理人利用其与运营更接近并掌握充分信息的有利条件,最大化自己的效用,使得委托人的情况变糟。这种情况被称为机会主义行为,即代理人的行为超越了代理契约、法律或道德标准规定的职责范围,而不能获得代理契约、法律或道德标准的充分认可。代理问题对于私募股权投资者和被投资企业的企业家之间的契约设计非常重要。代理理论有助于理解私募股权投资的退出行为。为了使经营者与私募股权投资公司的利益一致,私募股权投资公司通过持股计划和高比例的基于公司绩效的变动收入来激励经营者。在风险投资中存在三种代理关系,即风险投资者与风险投资公司之间的委托代理关系,风险投资公司与风险企业家之间的双向委托代理关系。

代理理论是私募股权投资研究的总框架,在私募股权投资中存在多级委托代理关系。私募股权投资公司代表私募股权投资者经营投资者委托的资产并使其增值,是私募股权投资者的代理人;私募股权投资基金经理代表私募股权投资公司具体操作投资基金的运作,是私募股权投资公司的代理人；被投资企业的企业家行使对企业的管理权，是私募股权投资公司的代理人。私募股权投资中的多重代理关系如图8-1所示。

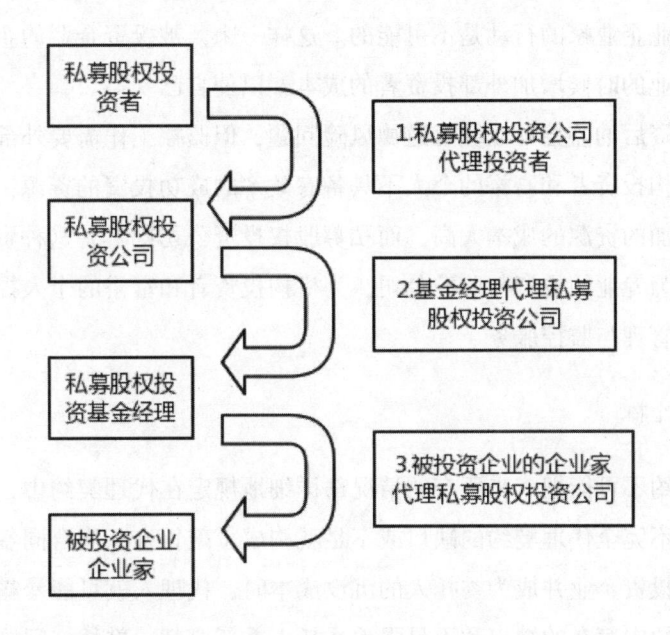

图 8-1　私募股权投资委托代理关系

第二节　代理风险的理论分析

一、代理风险的类型

私募股权投资代理问题的风险分为三类：道德风险、敲竹杠和逆向选择。私募股权投资公司面临四种代理风险：道德风险、逆向选择、敲竹杠和控制权风险。在投资支付以前，私募股权投资公司所面临的主要是逆向选择风险，而在投资支付以后，私募股权投资公司则要面临因信息隐藏或行动隐藏而出现的道德风险、因企业家或经理人能力卓越和契约缺陷而出现的敲竹杠的风险及因决策意见不一致而产生的控制权风险。

（一）道德风险

道德风险是指代理人使用委托人不能观察到的信息（隐藏信息）或采取委托人不能观察到的行动（隐藏行动）增加自己的效用，使委托人的最佳利益受到损害。投资者作为委托人，只能观察到企业的最终成就，但不能观察到代理人的全部行为。在私募股权投资以后，由于所有权和经营权的分离，私募股权投资者作为外部投资者不能观察到被投资企业内部管理者所采取的行动，而且被投资企业的产出主要取决于外部的条件，因此从产出上来推断被投资企业企业家的行动是不可能的。这样一来，被投资企业的企业家或经理人就有可能在运营企业的时候增加外部投资者的成本，以使自己受益。

虽然加强投资后的监控可以缓解道德风险问题，但监控工作需要外部投资者具有相当专业的技术。机构投资者和富裕的个人不具备有效率的成功投资的资源，他们直接投资于私募股权需要增加的资源的成本太高，而私募股权投资公司则具备这种资源。因此，私募股权投资公司作为专业的投资与监控公司，为机构投资者和富裕的个人提供向私人公司投资的专业的投资管理与监控服务。

（二）敲竹杠

由于代理契约不可能把未来所有的情况都详细地规定在代理契约中，代理人以自己的偏好系统地利用不完全代理契约的缺口或不足就构成了敲竹杠。当合同签订完毕，规定的投资已经到达被投资企业并成为委托人的沉没成本时，代理人就可能暴露他先前隐藏的动机，利用代理契约中存在的缺口和不足强迫委托人重新谈判。敲竹杠问题也可能在代理人的能力特别强的情况下出现。当被投资企业的企业家或经理人的能力特别强，并且对企业的发展至关重要时，他们就可能利用其能力优势而对私募股权投资公司进行威胁，以离开企业来要挟私募股权投资公司，从而实现自己的私人利益。为了防止被企业家敲竹杠，私募股权投资公司可以通过保留企业家的股份来减少其敲竹杠的动机。

（三）逆向选择

当交易的一方不能确定另一方的质量是好还是坏时，逆向选择就出现了。比如，购买者由于无法了解旧车的真实质量，因而对市场出售旧车的价格判断基于旧车的质量平均的假设之下，这就导致质量好的旧车离开市场，最终市场上剩下的全部都是坏车，从而使整个市场崩溃。

（四）控制风险

当私募股权投资支付以后，被投资企业进入正常运营，私募股权投资公司则要对企业进行监控，以确保投资增值并不被滥用。当私募股权投资公司不同意被投资企业管理层的经营决策时，控制风险便会出现，控制理论提供了减少控制风险的思路。要减少控制风险，就要在签订私募股权投资契约时，对私募股权投资公司和被投资企业的企业家对企业

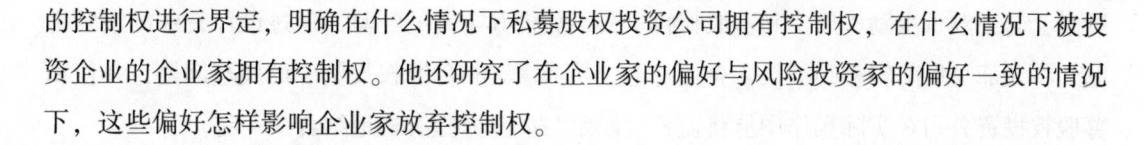

的控制权进行界定，明确在什么情况下私募股权投资公司拥有控制权，在什么情况下被投资企业的企业家拥有控制权。他还研究了在企业家的偏好与风险投资家的偏好一致的情况下，这些偏好怎样影响企业家放弃控制权。

二、代理风险的控制

私募股权投资所面临的风险分为内生风险和外生风险。由代理问题而形成的道德风险、敲竹杠、逆向选择和控制风险被称为内生风险；由企业外部的不确定性造成的如市场、技术、新产品开发等方面的风险被称为外生风险。外生风险通过投资契约会有一部分转嫁到被投资企业的企业家身上，由此导致企业家与私募股权投资公司的冲突进而形成代理风险。因此，代理风险是私募股权投资中的重要风险，代理风险的大小直接影响到私募股权投资的契约结构。契约是控制代理风险的重要工具。管理者的所有权对收购交易绩效起关键作用。代理风险随着私募股权投资退出的临近而增加。在公开上市退出中，经理人可能会因出售部分股份收益，降低他在公司的所有权比例和在公司的经济利益，使代理风险加剧。依据代理理论，私募股权投资者在部分退出之后应力求全面退出。

不确定性和信息的不对称性不只在投资时形成代理问题，而且存在于私募股权投资的全过程中。

私募股权投资处于双边道德风险中。被投资企业的成就取决于私募股权投资者和被投资企业的企业家的共同努力。在这种情况下，当事人不仅包括私募股权投资者和企业家或管理者，还包括未来潜在的购买者。"内部人"的优势会诱惑私募股权投资者尝试在出售股份时采取投机行为。私募股权投资者利用信息优势，向潜在的收购者或股东出售股份时会误传公司的价值。但是有意思的是，根据研究，具有私募股权投资背景的企业在股票交易所公开上市后五年内的投资回报高于其他企业。这说明具有私募股权投资背景的企业与其他企业相比，在公开上市时并没有不适宜地标价过高，反而存在抑价情况。这种情况的形成，是私募股权投资者通过公开的股票市场重复地建立声誉的需要。抑价是年轻的私募股权投资者建立声誉的工具，已经建立了声誉的私募股权投资者则较少使用抑价方式。成立时间较短的风险投资公司为了尽快建立一个成功退出的记录，其退出投资组合公司的时间要早于成立时间较长的风险投资公司。

使委托人和代理人获得共同的目标激励是最重要的，委托人的首要任务是建立一个有效的激励机制，使代理人能在一个可信的方式下进行工作，并根据绩效获得报酬。私募股权投资公司通常在股权购买协议中规定激励和补偿体系，明确分配现金、风险和企业价值创造后的回报方案。通过股权购买协议中的相关激励和补偿条款，私募股权投资公司既分配了风险，又根据企业绩效决定相关人员的回报，给企业高层管理团队带来较强的约束和激励，起到双重激励作用。私募股权投资公司凭借其丰富的经验，通过设计特殊的激励机制，将大部分风险转移到被投资企业身上，从而缓解私募股权投资中的代理问题，并使私募股权投资公司在实际操作中能将监督、激励与风险分担有机地结合在一起。

作为一种规避风险的工具，可转换优先股在私募股权投资中被广泛应用。由于企业经营中外生的不确定性风险，以及被投资企业的企业家与私募股权投资公司之间内生的代理风险的存在，为了控制成本和降低风险损失，私募股权投资者采取分阶段投资、联合投资和可转换优先股等投资合约方式来规避风险。从税收的角度，私募股权投资采用可转换优先股的形式在避税上有优势，税收优势不能被用来解释可转换优先股在私募股权投资中的使用，因为其他可转换债券也有这些税收优势。

第三节 不考虑委托人和代理人能力及经验约束的代理风险规避

在私募股权投资的运作体系中，相关的利益方，例如私募股权投资人、私募股权投资公司、私募股权投资基金经理及被投资企业之间存在多重委托代理关系，理性的个体处在这样的情况下应该怎样做是一个重要的问题。代理理论经常被用来处理这种利益相关关系问题。委托人（如投资者、基金经理或私募股权投资公司）履行委托人的职责时通常被认为对于单一的投资具有风险中性的偏好，因为他们可以通过在多个企业的投资使他们的投资组合多样化。与此相反，代理人（如基金经理、私募股权投资公司、被投资企业的企业家）履行代理人的职责时通常被认为是风险厌恶的，因为代理人的职业安全和收入与每一个代理公司紧密地联系在一起。因此从本质上说，代理人被认为属于风险厌恶型，他们为了个人的财富而为公司选择风险较低的决策。因而，代理理论的研究焦点在于成本最小化与代理关系的冲突。

代理理论根植于功利主义经济学。狭义的代理理论侧重于委托代理关系的研究，通过设置一系列的假设，对在委托代理关系下理性个体的做法提供逻辑预测，而且代理关系是在单一的委托人和代理人的情况下构思的。这是代理理论对社会科学方法论的一个重要贡献。对于代理理论的争论在于经济现象是否应该从"个体的行为是一种深思熟虑的行动"这个角度来观察，因为只有部分个体的行为对其经济生命而言被认为是最优化的。在这种假设下，代理问题变得更加明显——委托人和代理人是否都能最大化其效用？因为在委托人利益最大的时候，代理人将不行动。

在最近几年，代理理论也被用于所有权结构、会计的激励问题、外国援助、股东与投保人、行政赔偿、组织形式和企业形式的改革、公司治理、供应链内部组织模式的改变、盈利和非盈利委员会、联盟领导人的行为分析、国家政策执行、非多数机构、选民与立法者、高级行政管理人员的管理、军民关系、政治与科学之间的组织边界、公共管理和行政管理等多种研究领域的分析。在许多非常不同的研究领域，代理理论已经成为一种鼓舞人心的综合的理论观点。

在私募股权投资的委托代理链中，私募股权投资公司居于中心位置。它们既是委托人，同时又是代理人。它们一方面被投资者监督和约束，另一方面也监督和约束所投资企业。被投资企业是整个私募股权投资过程的关键点，因为整个私募股权投资链的利润来自被投资企业。因此，对被投资企业的企业家的激励与约束是私募股权投资成功的关键。

在私募股权投资公司和被投资企业的企业家之间存在着信息不对称问题。信息的不对称包括两个方面：投资协议签订前的信息不对称和投资协议签订后的信息不对称。在投资协议签订前，被投资企业对自身的能力、项目的价值和产品功能的先进性等方面比私募股权投资公司有更清楚的认识，这可能会导致两种情况出现：一方面，给不诚实的企业家利用信息优势骗取投资提供了潜在机会；另一方面，当私募股权投资公司无法确定备选投资企业的质量时，私募股权投资公司往往要对备选投资企业的信息进行甄别和鉴定，增加了信息鉴别成本，同时也增加了整个投资的成本。这些情况可能刺激企业家向私募股权投资公司传递虚假信息，从而导致逆向选择，使质量高的企业和项目无法得到投资，转而寻找其他融资渠道。

在签订投资协议后，被投资企业由企业家来管理，而企业家以最大化他们自己的效用为目标，这与私募股权投资公司资本增长最大化的目标不一致。目标的冲突导致了行为和利益上的冲突。事实上，由于企业家的日常工作行为很难观察与监测，导致监督执行的成本过大。所有这些问题都需要设计一个机制来解决，这就给了代理理论提供了一个解决问题的机会。

由于被投资企业的企业家与私募股权投资公司之间存在信息不对称问题，企业家的行动不能被观察，这就导致产生了道德风险。所以我们可以得出四个结论：一是在信息不对称的情况下，企业家的努力程度小于在完全信息情况下的努力程度。二是企业家越保守，他们承担的风险也越小，相应地分配收益的比例也越小。从最优风险分担的角度来分析，企业家不能承担全部风险。三是在信息不对称的情况下，私募股权投资公司无法观察企业家的努力程度，企业家承担风险的增加将提高其努力程度。较低的努力水平将导致较大的代理成本（包括激励成本和风险成本），而这在完全信息情况下是不存在的。四是所有企业家的努力信息都是有价值的，它们可以帮助私募股权投资公司减少代理成本。私募股权投资公司选择监督的强度取决于监督的成本和相关的利润。

第四节　委托人和代理人能力及经验有限的代理问题风险规避

企业家的经验和能力是有限的，企业的产出不仅受到企业家努力水平的影响，而且受到企业家经验和能力的约束，也就是说，企业的产出水平不可能随努力水平的增加而一比一地增加，努力水平提高后产出的增加量还受到经验和能力的约束。私募股权投资公司基金经理的精力也是有限的，一个基金经理要负责3~7个投资组合公司，不可能对每一个投资组合公司进行百分之百的监控，而且受基金经理能力与经验的限制，监控力度的加强与收获的增加也不可能一比一地增加。随着监控力度的加大，监控成本上升，当监控成本大于监控实现的收益时，监控将毫无意义。考虑到这些情况，本节在上一节模型讨论的基础上，增加了对代理人（企业家）和委托人（私募股权投资公司基金经理）能力约束及监控成本的考虑，讨论在具有能力和经验限制并考虑成本的情况下，私募股权投资公司对代理风险的规避问题。

代理问题是私募股权投资全过程中的重要风险。在私募股权投资中，由于经营权与所有权的分离而存在着多重委托代理关系。私募股权投资公司作为资本的运营者，是私募股权投资者的代理人；私募股权投资基金经理作为投资的运营代表，是私募股权投资公司的代理人；被投资企业的企业家或经理人作为企业经营者，是私募股权投资公司及其他股东的代理人。多重委托代理关系交织在一起，使得私募股权投资的委托代理问题尤为突出。

为了减轻代理的风险，学者们从契约的设计、激励和补偿条款的设计等方面做了大量的理论分析和实证研究。在不考虑企业家和私募股权投资公司基金经理能力约束的情况下，由于信息不对称，企业家的努力程度小于在完全信息情况下的努力程度，且企业家越保守，他们承担的风险也越小。增加企业家承担的风险将提高其努力程度。较低的努力水平将导致代理成本（包括激励成本和风险成本）的产生，而这在完全信息情况下是不存在的。所有关于企业家努力程度的信息都是有价值的，它们可以帮助私募股权投资公司减少委托代理成本。私募股权投资公司选择监督的强度取决于监督的成本和相关的利润。

在考虑企业家和私募股权投资基金经理能力与经验限制的前提下，企业家的努力不能完全转化为产出，而私募股权投资基金经理的监控努力也不能完全转化为有效的监控，这时候部分偷懒的情况比较常见。在这种情况下，提高企业家的收益分配比例，可以使企家努力的成本下降，进而刺激企业家努力；当企业家的收益分配比例一定时，企业家风险厌恶的程度越高，相同的收益分配比例对企业家的激励强度越低；企业家努力的成本越高，企业家就越不愿努力，私募股权投资公司就应以较低的成本对其进行监控；反之，则需要较高的监控成本。私募股权投资公司的收益是企业家风险厌恶程度的减函数，企业家的风险厌恶程度越低，私募股权投资公司的收益就越高。私募股权投资的收益还受外界因素的影响，外界因素波动性越大，私募股权投资的收益越低。

参考文献

[1] 堪新华，高丽敏. 股权设计与股权激励［M］. 北京：中国经济出版社，2019.

[2] 姚宇峰. 股权资本［M］. 北京：中国经济出版社，2019.

[3] 杨甜. 股权一本通：创业者必备的股权知识［M］. 杭州：浙江大学出版社，2019.

[4] 宋桂明. 股权十大败局［M］. 杭州：浙江工商大学出版社，2019.

[5] 冯斌. 私募股权七日通［M］. 北京：中国经济出版社，2019.

[6] 单海洋，张志敏. 股权激励实践与创新［M］. 北京：机械工业出版社，2019.

[7] 朱崇坤. 股权激励法律实务［M］. 北京：中国法制出版社，2019.

[8] 胡禹成. 中国式股权激励［M］. 北京：民主与建设出版社，2019.

[9] 韩中华. 中国式股权［M］. 北京：企业管理出版社，2019.

[10] 汤震宇. 长期股权投资通解［M］. 上海：上海财经大学出版社，2019.

[11] 胡礼新. 股权冲突预防与应对策略［M］. 北京：中国铁道出版社，2019.

[12] 高松. 中国区域性股权市场研究［M］. 北京：中国经济出版社，2019.

[13] 张哲鸣. 股权激励从入门到精通［M］. 北京：中国商业出版社，2019.

[14] 张明辉. 股权期权激励全程设计实施方案［M］. 中国铁道出版社，2019.

[15] 李芊柏. 股权激励与合伙人制度落地［M］. 北京：中国致公出版社，2019.

[16] 张旭波. 私募股权投资的风险规避研究［M］. 北京：企业管理出版社，2019.

[17] 郑雪莲. 股权激励风险预防与实操指引［M］. 北京：新华出版社，2019.

[18] 何红旗. 股权的力量中小企业股权设计与股权激励实施全案［M］. 北京：当代世界出版社，2018.

[19] 韩中华. 小公司股权融资全案［M］. 北京：中国经济出版社，2018.

[20] 姚宇峰，谢洁. 股权激励整体解决方案［M］. 北京：中国经济出版社，2018.

[21] 李春佳. 股权合伙整体解决方案［M］. 北京：中国经济出版社，2018.

[22] 向凌云. 私募股权投资解决方案［M］. 北京：中国经济出版社，2018.

[23] 程磊. 新常态下的股权投资［M］. 北京：新华出版社，2018.

[24] 李杭敏. 股权众筹的法律制度构建研究［M］. 杭州：浙江大学出版社，2018.

[25] 秦绪荣. 走出融资上市与股权激励的误区［M］. 北京：中国商业出版社，2018.

[26] 陈长明. 股权激励对大众创业、万众创新战略的影响研究［M］. 长春：东北师范大学出版社，2018.

[27] 王斌. 私募股权基金法律风险解析与防控［M］. 北京：知识产权出版社，2018.

[28] 李青东. 股权的力量［M］. 北京：中国商务出版社，2017.

[29] 杨建强，季强. 股权激励用股权撬动团队的力量［M］. 中国财富出版社，2017.

[30] 赵威. 股权转让研究［M］. 北京：中国政法大学出版社，2017.

[31] 廖连中. 创业公司的动态股权分配机制［M］. 北京：中国铁道出版社，2017.

[32] 张锐，王楠. 股权激励实战操作全方案［M］. 北京：台海出版社，2017.

[33] 张坤. 股权激励打造企业利益共同体［M］. 北京：机械工业出版社，2017.

[34] 胡礼新. 中小企业股权激励实操［M］. 北京：中国铁道出版社，2017.

[35] 刘甲求. 中国私募股权投资发展研究［M］. 北京：群众出版社，2017.